滋賀のスポーツ まるかじりBooK

企画・編集　滋賀県体育施設協会・(財)滋賀県スポーツ振興事業団

■本書の地域区分

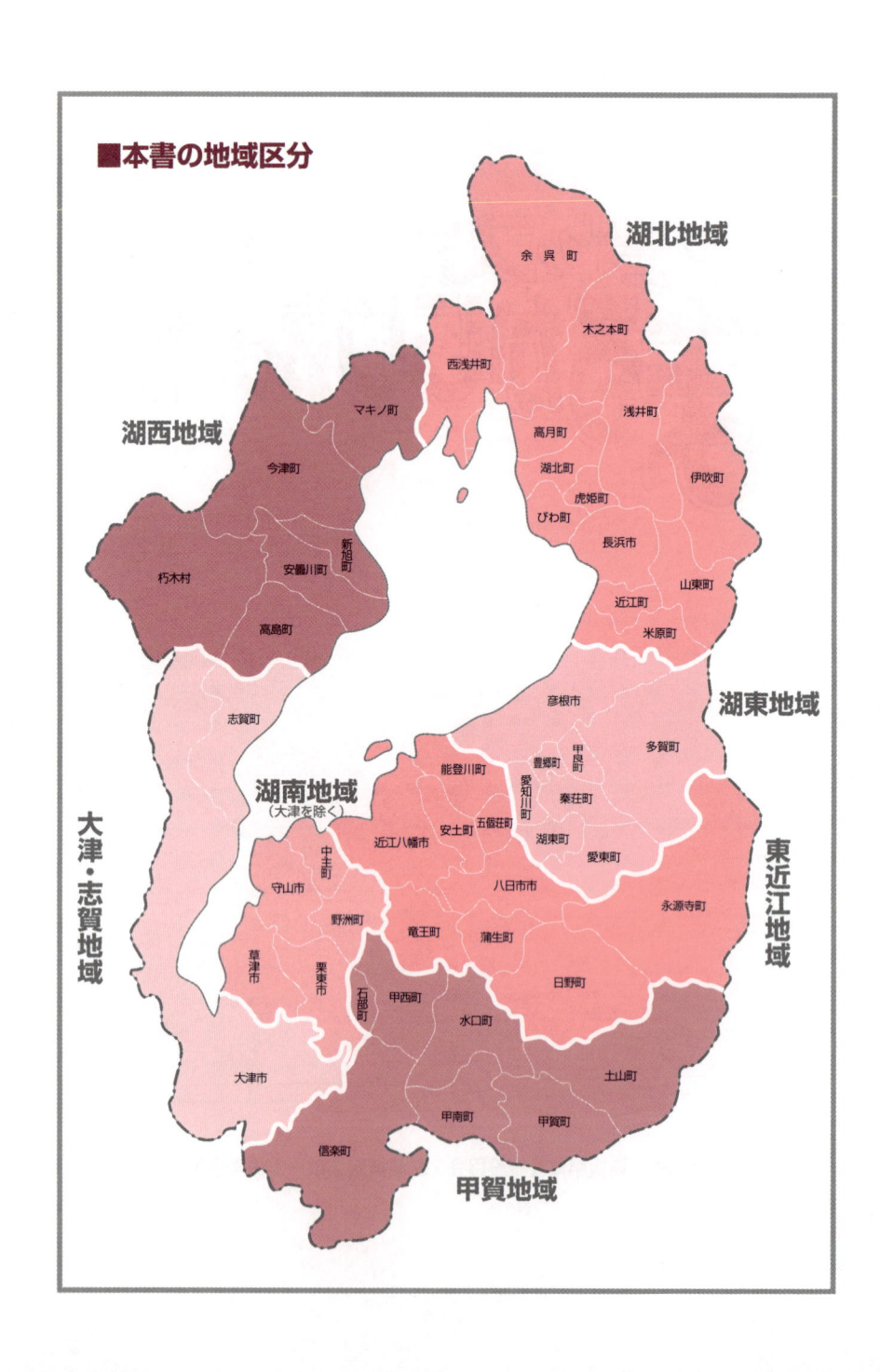

湖北地域
余呉町／西浅井町／木之本町／浅井町／高月町／湖北町／伊吹町／虎姫町／びわ町／長浜市／近江町／山東町／米原町

湖西地域
マキノ町／今津町／新旭町／朽木村／安曇川町／高島町

湖東地域
彦根市／能登川町／甲良町／多賀町／豊郷町／愛知川町／秦荘町／安土町／五個荘町／湖東町／愛東町

東近江地域
近江八幡市／八日市市／永源寺町／蒲生町／日野町

湖南地域（大津を除く）
中主町／守山市／野洲町／草津市／栗東市／竜王町／石部町／甲西町

大津・志賀地域
志賀町／大津市

甲賀地域
水口町／甲南町／甲賀町／土山町／信楽町

滋賀県全図
目次
本書をご利用になる前に

目次 contents

■大津・志賀
大津市…6　志賀町…11

■湖南
草津市…16　守山市…19
栗東市…21　中主町…24
野洲町…26

■甲賀
石部町…30　甲西町…33
水口町…37　土山町…39
甲賀町…41　甲南町…43
信楽町…45

■東近江
近江八幡市…48　安土町…51
五個荘町…53　能登川町…55
八日市市…58　蒲生町…60
日野町…62　竜王町…65
永源寺町…67

■湖東
彦根市…70　多賀町…74
豊郷町…77　甲良町…79
愛知川町…80　秦荘町…81
湖東町…83　愛東町…86

■湖北
長浜市…90　米原町…93
近江町…95　山東町…96
伊吹町…98　虎姫町…101
浅井町…103　びわ町…105
湖北町…107　高月町…108
木之本町…110　余呉町…111
西浅井町…113

■湖西
高島町…117　安曇川町…118
新旭町…120　朽木村…122
今津町…125　マキノ町…128

■資料編…131

◆本書をご利用になる前に◆

　本書は滋賀県内の50市町村を各地域振興局単位に、大津・志賀、湖南、甲賀、東近江、湖東、湖北、湖西の7ブロックに分け、各市町村ごとのスポーツ・アウトドア関連施設の情報資料を掲載しています。掲載された施設数は217件です。

各施設のデータは、以下の点にご注意ください。

●**利用料金**……代表的な一般（大人）料金を記載しています。県外および各市町村外居住者の利用料金やジュニア・シニア料金、団体割引等については、各施設にお問い合わせください。また、記載しました料金以外にも、各施設ごとに平日・土日、ハイシーズン・ハイシーズン外、午前・午後・夜間等料金が設定されていますので、事前に各施設にお問い合わせください。

●**休　館　日**……記載しました以外にも臨時休館する場合があります。また、使用に際しましては、事前に予約が必要な場合もあります。開館時間等と併せて、事前に各施設にお問い合わせください。

●**交通案内**……基本的に、JRまたは他の私鉄電車等の最寄り駅、バス利用の場合の最寄りの停留所からの徒歩所用時間を記載しています。

●**地　　図**……各市町村の地図は、周辺観光に役立てていただけることを考慮し、隣接施設も併せて記載しています。

- 後半の資料編には、テーマ別に体験スポットの情報を掲載しています。
- 本書のデータおよび写真は、原則的に平成14年3月末現在のものです。その後、変更、改正された場合もありますので、実際のご利用にあたっては、事前にご確認をお願いいたします。

●大津・志賀地域●

志賀町

大津・志賀地域

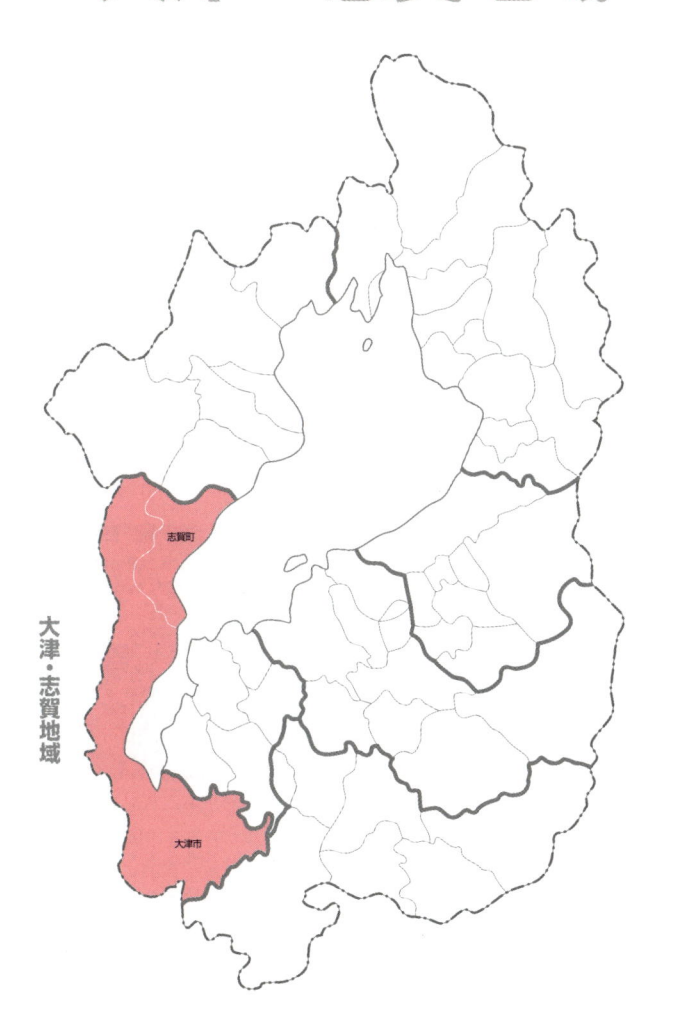

大津市

大津市

■知っ得スポット

道の駅　びわ湖大橋米プラザ〈大津市今堅田3-1-1　TEL.077-574-0010〉
近江米に関する情報発信施設で、田植えから稲刈りまでの体験ゲームコーナーなど、盛り沢山な内容です。

①皇子山総合運動公園

〒520-0037　大津市御陵町4-1
TEL. 077-522-7065

　隣接する皇子が丘公園とともに、米軍キャンプ地の跡地に造られた施設です。びわこ国体をはじめとする全国的な規模の大会が数多く開催される本格的な運動公園で、第一種公認の陸上競技場や1万5千人収容のスタンドを備えた野球場、人工芝テニスコートがあり、すべてナイター利用が可能です。
●施設案内：陸上競技場1、多目的運動広場1（野球コート4）、野球場1、テニスコート4（すべて夜間照明有）●利用料金（一般団体・平日）：競技場￥8,400、野球場￥8,400、グラウンド￥3,360ほか※単位区分は午前・午後〈市外居住者、県外居住者は別設定〉●交通案内：JR湖西線「西大津駅」から徒歩約10分。京阪石坂線「別所駅」から徒歩約1分

②皇子が丘公園

〒520-0025　大津市皇子が丘1丁目1-1
TEL. 077-527-1555（大津市緑地公園協会）
　　　077-525-0510（体育館）
　　　077-526-3085（プール）

　琵琶湖を一望できる広大な丘陵地にあり、交通の便にも恵まれています。体育館・温水プール・弓道場のほか、交通公園や児童冒険広場「子どもの城」などを備えた総合公園として市民に親しまれています。また、桜の名所としても有名です。
●施設案内：体育館2、グラウンド1、テニス・バレー兼用コート8、弓道場、プール（50m・25m・温水・幼児）、交通公園ほか●利用料金（一般団体・平日）：体育館（競技場）￥6,720、温水プール￥42,000（個人利用￥630）、50mプール￥16,800（個人利用￥310）、弓道場￥4,200ほか※単位区分は午前・午後〈市外居住者、県外居住者は別設定〉●交通案内：JR湖西線「西大津駅」から徒歩約2分。京阪石坂線「皇子山駅」から徒歩約1分

③県立柳が崎ヨットハーバー

〒520-0022　大津市柳が崎1-2
TEL・FAX 077-527-1141

　琵琶湖でのセーリングスポーツの拠点として、平成8年度に開設されました。ヨット競技の普及・振興と競技力の向上をめざして、競技者のみならず一般のヨット愛好者の艇保管施設としても利用できます。
●施設案内：多目的艇庫（3階建）1階は198艇、2階は119艇収容、3階・屋上は駐車場（有料）、管理棟、1階会議室、2階会議室、更衣室、斜路2面、桟橋7基、テーブル型リフター●利用料金：斜路・桟橋（1艇

¥1,350／日 ●**休業日**：年末年始 ●**交通案内**：JR湖西線「西大津駅」または京阪石坂線「皇子山駅」から徒歩約10分

④県立スポーツ会館

〒520-0037　大津市御陵町4-1
TEL. 077-522-0301
FAX. 077-522-9639

　昭和56年に開催されたびわこ国体を記念して開館された施設です。県民のスポーツ意識と競技力向上を目的に、健康体力測定やトレーニング機器による科学的なスポーツ活動を通じ、県内の体育・スポーツ振興の拠点となっています。
●**施設案内**：アリーナ、健康体力測定室A・B、スポーツビジョン測定室、トレーニング室、会議室、宿泊室（68名収容）ほか ●**スポーツ教室・講習会**：トレーニング初心者講習会、エアロビクス教室など ●**利用料金**：トレーニング室一般¥620／2h、健康体力測定B一般¥1,030、スポーツビジョン測定一般¥500、宿泊¥1,450ほか〈県外居住者は記載料金の1.5倍〉●**休館日**：月曜日 ●**交通案内**：JR湖西線「西大津駅」から徒歩約5分。京阪石坂線「皇子山駅」から徒歩約1分

⑤県立体育文化館

〒520-8601　大津市京町3丁目6-23
TEL. 077-523-1231

　昭和12年に武徳殿として建設されたもので、建物には神殿風の風格が漂います。2階は道場として使用され、主に柔剣道等、武道の振興の場となっているほか、柔剣道、居合い、空手道等を通じた青少年の育成の場として活用されています。
●**施設案内**：1階（事務所、控え室ほか）、2階（道場）●**利用料金**：無料（要事前申請）●**交通案内**：JR「大津駅」から徒歩約5分

⑥県立武道館

〒520-0801　大津市におの浜4-2-15
TEL. 077-521-8311
FAX. 077-521-8348

　白壁の米蔵をイメージした外観や、吹き抜けの玄関ホールなど、武道の殿堂と呼ぶにふさわしい建物です。相撲や弓道（遠的と近的）、柔道、剣道など各種の武道競技に対応できる道場を備えています。
●**施設案内**：相撲場1、弓道場2、柔道場3、剣道場4、大小会議室、研修室ほか ●**スポーツ教室・講習会**：弓道教室、剣道教室、柔道教室など ●**利用料金**：¥460／2h〈県外居住者は記載料金の1.5倍〉●**休館日**：月曜日 ●**交通案内**：JR「大津駅」からバス「県立体育館前」下車。JR「膳所駅」または京阪石坂線「京阪膳所駅」から徒歩約15分

Topics このイベントに注目！

びわこペーロン大会

　竜頭竜尾の飾りをつけた華やかなペーロン船が、ドラや太鼓の音に合わせ湖面を快漕します。1991年の滋賀県ペーロン協会誕生から毎年8月に行われるこの大会は、いまや1万人近くの観客が詰めかける琵琶湖の夏の風物詩です。
〈問〉びわこペーロン大会実行委員会事務局
TEL.077-522-2208

⑦県立体育館

〒520-0801　大津市におの浜4-2-12
TEL. 077-524-0221
FAX. 077-522-9637

　近代的な規模と設備を備え、スポーツ各種および文化的行事が幅広く開催されています。
●施設案内：本館（観覧席4,905名収容、冷暖房完備）、別館、スポーツ広場、会議室●スポーツ教室・講習会：夜間スポーツの集い、障害者スポーツの集い、中高年スポーツの集いなど●利用料金：￥460／2h〈県外居住者は記載料金の1.5倍〉●休館日：月曜日●交通案内：JR「大津駅」からバス「県立体育館前」下車。JR「膳所駅」または京阪石坂線「京阪膳所駅」から徒歩約15分

⑧県立琵琶湖漕艇場

〒520-2142　大津市玉野浦6-1
TEL. 077-545-2165
FAX. 077-545-6258

　琵琶湖畔の恵まれた環境にあり、関西を代表するボート・カヌーのメッカとして知られます。100艇余りの競漕艇を保有し、各種大会の開催や競技力の向上、スポーツの振興に努めています。
●施設案内：日本ボート協会B級公認コース（1,000m×6レーン）、管理棟（会議室・宿泊室ほか）、艇庫●スポーツ教室・講習会：春季、秋季こどもボート教室、ボート体験教室、夏休みカヌー教室など●利用料金：4人漕ぎ艇（舵手付きクオドルプル）一般￥1,170／2h、2人漕ぎ艇（ダブルスカル）￥1,010／2h、1人漕ぎ艇（シングルスカル）￥690／2h、宿泊￥1,450ほか〈県外居住者は記載料金の1.5倍〉●休業日：月曜日●交通案内：JR「石山駅」または京阪石坂線「京阪石山駅」から徒歩約20分

⑨県立ライフル射撃場

〒520-2264　大津市大石東町字鋲（まさかり）峠
TEL. 077-546-0982

　昭和56年にびわこ国体会場として整備されたもので、翌昭和57年よりライフル射撃競技の普及振興を目的として供用が開始されました。エアーライフル射撃場16射座、ビームルライフル射撃場7射座、スモールボアライフル射撃場26射座がそれぞれ整備されています。
●施設案内：エアーピストル・エアーライフル26射座、スモールボアライフル26射座●利用料金：エアライフル￥360／2h、スモールボアライフル￥460／2h〈県外居住者は記載料金の1.5倍〉●休業日：月曜日●交通案内：JR「石山駅」からJRバス「倉骨」下車、徒歩約15分（3本／日）

⑩県立アイスアリーナ

〒520-2141　大津市瀬田大江町17-3
TEL. 077-547-5566
FAX. 077-544-7080

　平成12年11月にオープンした県下初の本格的な氷上競技施設です。2400席（立見席含む）の観客席を擁し、アイスホッケーの日本リーグ公式戦会場にも指定されて

います。10月から3月までスケートができ、夏季は屋内フロアスポーツなど、多目的なスポーツが楽しめます。
●**施設案内**：アイスリンク（60ｍ×30ｍ）、貸靴コーナー、ロッカー室、採暖室ほか●**スポーツ教室・講習会**：ジュニアスケート教室、ジュニア・レディースアイスホッケー教室など●**利用料金**：滑走料金￥1,200（土日祝日は￥1,400）、貸し靴料￥400●**休館日**：無休●**交通案内**：JR「瀬田駅」からバス「公設市場」下車、徒歩約3分または「ヤンマー前」下車、徒歩約10分

⑪葛川(かつらがわ)森林キャンプ村

〒520-0475　大津市葛川坊村町237-37
TEL. 077-599-2156（葛川森林組合）
TEL. 077-599-2222（キャンプ管理棟）

昔ながらの山村風景と、四季折々の自然に恵まれ、4月下旬から10月下旬まで開村されます。周辺にはハイキングコースも多く、夏には魚のつかみ取りなども体験できます。
●**施設案内**：常設テント、バンガロー、テニスコート、芝生広場ほか●**利用料金**：常設テント（1泊）￥3,150ほか●**交通案内**：JR湖西線「堅田駅」からバス「葛川坊村」下車、徒歩約5分

⑫大津市営放牧場 ふれあいの森

〒520-0038
大津市山上町長等山776-25
TEL. 077-529-2134（管理事務所）

大津市の西端にあり、京都市との境をなす比叡山麓に位置します。広大な敷地には四季折々の植物が自生し、トレッキング用の小道も設置されています。放牧場には乳牛、ポニー、羊、山羊、うさぎなどの小動物が飼われ、柵の外から触れることもできます。
●**施設案内**：市営放牧場、バーベキュー施設、駐車場●**利用料金**：無料●**休業日**：年中無休●**交通案内**：車で大津市内から通称「山中越え道路」に入り約10分。比叡山ドライブウェイ口横に入り口有

⑬リバーヒル大石

〒520-2262
大津市大石淀3丁目16番18号
TEL. 077-546-4110
FAX. 077-546-4450

水と緑に恵まれた環境の中、サイクリングを楽しめる公共宿泊施設です。宿泊のほか宴会、研修等にも利用できます。直営テニスコート2面があります。

●施設案内：宿泊室、研修室、大広間、テニスコート、喫茶・レストランほか ●利用料金：（1泊2食付）和室￥6,000〜、洋室￥7,000〜（夕食は￥1,500〜￥7,000まで）、レンタルサイクル料（4時間以内）￥420ほか ●交通案内：JR「石山駅」または京阪石坂線「石山寺」からバス「大石行」終点下車、徒歩約15分

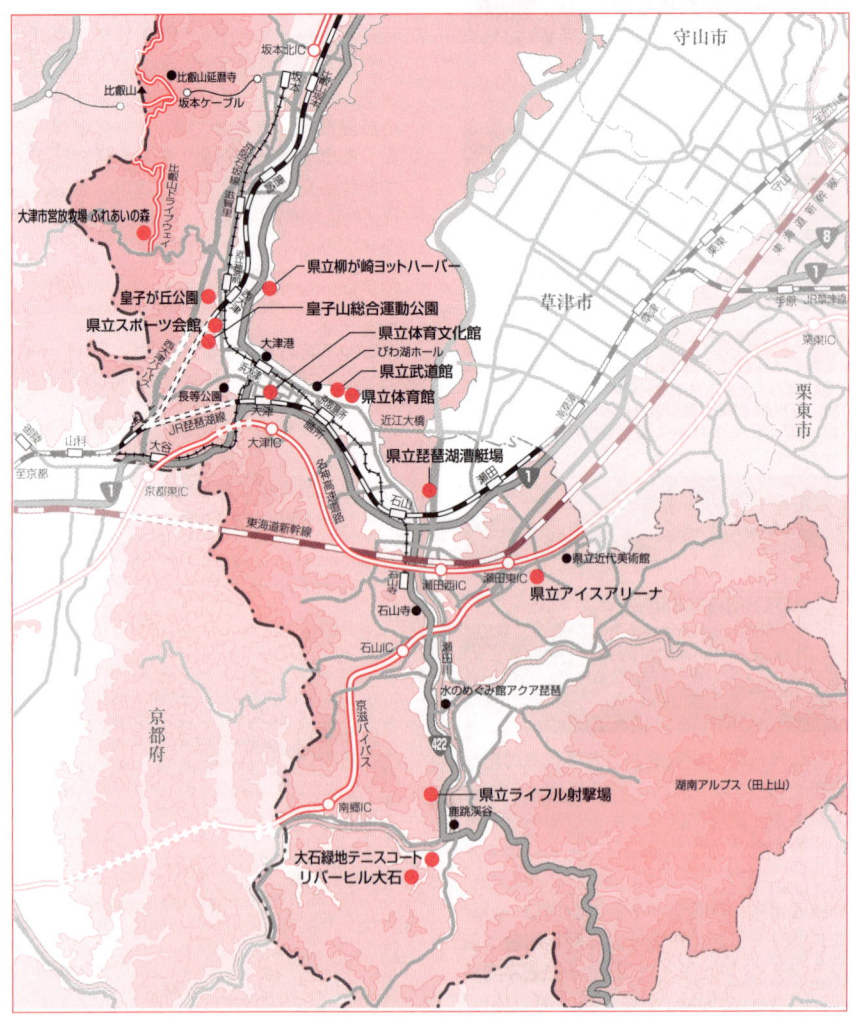

⑭大石緑地テニスコート

〒520-2262　大津市大石淀1丁目3-32
TEL. 077-546-6369
FAX. 077-546-6369

　大石緑地は、昭和47年に都市計画決定され、大津市南部の公園体系の拠点として、建設省管轄の瀬田川河川敷に約4.0haの占用許可を受け、多目的グラウンド、テニスコート、ローラースケート場を持つ緑地として開設されました。第3回ねんりんピック（平成2年開催）の会場としても使用されています。
●施設案内：テニスコート（砂入り人工芝）20面●利用料金：（午前／午後）￥1,260（土日祝日は￥1,890）〈市外居住者は記載料金の1.5倍、県外居住者は記載料金の2倍〉
●交通案内：JR「石山駅」または京阪「石山駅」からバス「大石小学校前」下車、徒歩約5分

志賀町

■知っ得スポット

八雲ヶ原湿原〈志賀町木戸ほか　TEL.077-592-8077（志賀町産業振興課）〉
関西でも有数の高層湿原です。ミズバショウをはじめ高山植物の種類も多く、ここから武奈ヶ岳への登山コースもあります。

①県立比良山岳センター

〒520-0501　滋賀郡志賀町北小松1769-3
　　　　　　　　　　　（比良げんき村内）
TEL. 077-596-0780

　近畿の登山のメッカ、比良山系の麓にあります。登山に関する研修会や合宿など、登山の正しい知識の普及や技術者の育成、野外活動の場として利用されています。スポーツクライミング用に造られた人工登はん壁は、ボタン1つで高さ約15mの壁の角度を変えられ、初級者から上級者まで楽しむことができます。
●施設案内：人工登はん壁、宿泊室、研修室ほか●スポーツ教室・講習会：第2日曜日（変更あり）●利用料金：人工登はん壁（午前中・貸切使用）￥3,330ほか●交通案内：JR湖西線「北小松駅」から徒歩約20分

②比良げんき村

〒520-0501　志賀町北小松1769-3
TEL. 077-596-0710
FAX. 077-596-0710

　昭和61年に開村した町営の施設です。町の北部に位置し、付近には県下一の落差を誇る「楊梅の滝」もあります。キャンプ場や星の博物館、ワークショップ等が整備されています。長さ72mのローラー滑り台や冒険岩、ロープ登りなど楽しい遊具は子どもたちにも大人気です。
●施設案内：テントサイト42張（持込）、ワークショップ（焼杉工作）、星の博物館（プラネタリウム）●利用料金：テントサイト￥300、ワークショップ￥200、星の博物館￥400●休業日：キャンプ場は年末年始、星の博物館とワークショップは月曜日、年末年始●交通案内：JR湖西線「北小松駅」から徒歩約15分

③町民体育館

〒520-0524　志賀町今宿863
TEL. 077-594-8022
FAX. 077-594-4189

　昭和53年に完成した施設で、バレーコート2面と、トレーニング室があります。夜10時まで利用できるほか、町外居住者も利用可能です。
●施設案内：体育室、トレーニング室●利用料金：体育室（半面）￥300／hと照明代￥150、トレーニング室（1回）￥200／h〈町外居住者は記載料金の1.5倍〉●休館日：月曜日（祝日の場合はその翌日）、年末年始●交通案内：JR湖西線「和邇駅」から徒歩約3分

④町民テニスコート

〒520-0524　志賀町今宿851
TEL. 077-594-8022
FAX. 077-594-4189

　昭和58年に完成した施設です。クレーコート3面があり、夜間照明設備が整備されています。利用時間は朝8時30分から夜10時までです。
●施設案内：クレーコート3面（夜間照明有）●利用料金：（1面）￥500／h、照明代￥200／h〈町外居住者は記載料金の1.5倍〉●休業日：月曜日（祝日の場合はその翌日）、年末年始
●交通案内：JR湖西線「和邇駅」から徒歩約3分

⑤比良ロープウエイ

〒520-0503　志賀町北比良
TEL. 077-596-0516

　スキー・ボード・トレッキング・キャンプ等、四季を通じて大自然に親しむことができます。パウダースノーのスキー場や、多彩な種類のトレッキングコース、高層湿原の中のキャンプ場など、自然の魅力にあふれています。
●施設案内：八雲ヒュッテ（売店、食堂）、比良ハット（ガイドウォーク、喫茶、売店）、スキーリフト3基ほか●利用料金：キャンプテント￥3,000、持ち込み￥1,000、スキーリフト1日券（土休日）￥3,800・（平日）￥3,000から●交通案内：〈電車〉JR湖西線「比良駅」からバス「比良リフト前」下車で山麓駅へ〈車〉京都I.Cか

ら湖西バイパス北上終点の比良ランプ左折すぐ、共に山麓駅から比良山リフト・ロープウェイ（共通往復券￥2,000）を乗り継いで山上駅へ

⑥びわ湖バレイ

〒520-0514　志賀町木戸1547-1
TEL. 077-592-1155
FAX. 077-592-1532

　スキーを始め、キャンプ場やフィールドアスレチック、グラウンドゴルフ、ハイキングなど、1年を通じてスポーツに親しむことができます。特に「びわ湖バレイスキー場」は、眼下に琵琶湖が広がり、雄大な景色を眺めながらスキーが楽しめます。
●**施設案内**：ゴンドラ1基、リフト7基、ゲレンデコース合わせて9本、人工降雪機、ナイター設備、食堂、温泉ほか●**スポーツ教室、講習会**：シーズン中、プロスノーボード教室、プロスキー・スノーボード教室など●**利用料金**：ゴンドラ（往復）￥1800、リフト（3時間券）￥2800、スキーセットレンタル￥4500ほか●**交通案内**：JR湖西線「志賀駅」からバス約10分

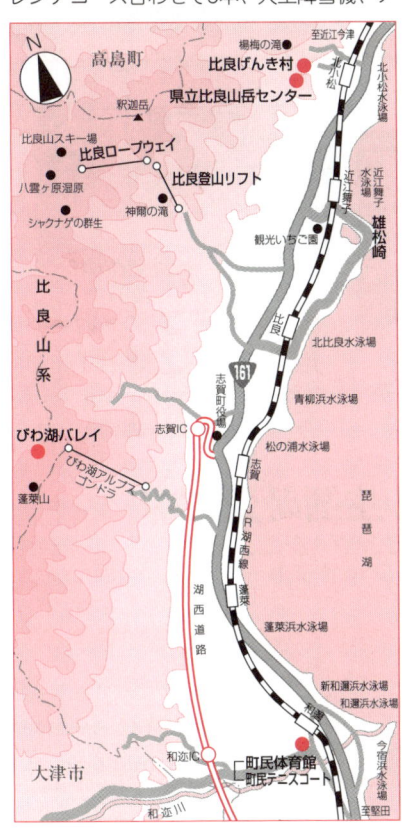

Topics このイベントに注目！

チャレンジ比良登山大会
　毎年10月頃、比良山系を舞台に行われる大会です。参加者は初級・中級・上級に分かれ、参加者同士のふれあいや、比良山系の大自然を楽しみながらゴールをめざします。
〈問〉志賀町教育委員会生涯学習課
TEL.077-594-8022

マリンフェスティバル
　毎年11月から2月頃にかけ、比良水泳場で開催されるこのイベントでは、マリンスポーツ（モーターボート競技）を通じて、若者同士が親睦を深めることを目的としています。
〈問〉志賀町観光協会
TEL.077-592-0378

湖のほとりの
アーバンリゾートホテル

REFRESH ZONE

● **体育館**
卓球、バドミントン、ソフトバレー、バスケットボール、バレーボール

● **屋内プール**
25×10mの本格的なプール。貸水着等もご用意しております。

● テニスコート／屋外
（オムニ4面・ハード3面）

● ゴルフ練習場
（5打席）

● クロッケーゴルフ
（7ホール）

● フットサルコート／屋外
（人工芝2面）

参加受付中！有料
5人制のミニサッカー 県下で人気上昇中！
ナイターリーグ開催
（月・水・金20:00～22:00）

スクール生随時受付中
スイミング・テニス
ゴルフ・サッカー

宿泊者は無料！（日帰り利用は、1人￥2,000）※フットサル除く

総合リゾートホテル
ラフォーレ琵琶湖

〒524-0101 滋賀県守山市今浜町十軒家2876
スポーツセンター（直通） 077-584-2180
TEL077-585-3811 FAX077-584-2100
URL : http://www.laforethotels.com/biwako/

● 湖南地域 ●

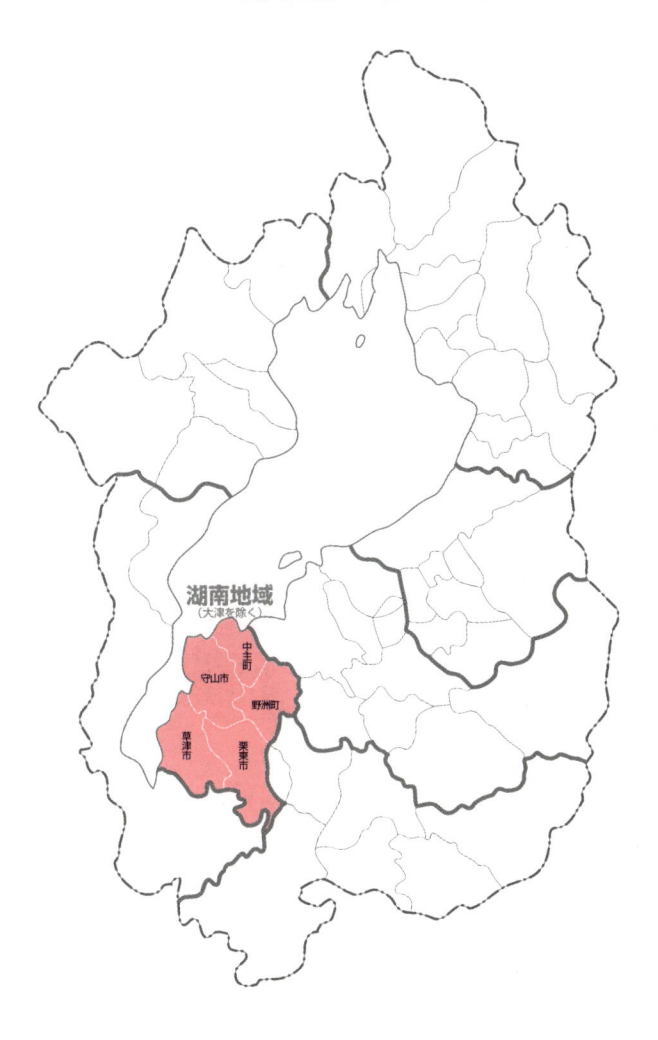

湖南地域
(大津を除く)

中主町
守山市
野洲町
草津市
栗東市

草津市

■知っ得スポット
県立琵琶湖博物館〈草津市下物町1091　TEL.077-568-4811〉
「湖と人間」をテーマに、琵琶湖の誕生から現在までの生い立ち、人や生き物とのかかわりについてを楽しく学べます。

①滋賀県立障害者福祉センター

〒525-0072　草津市笠山8丁目5-130
TEL. 077-564-7327
FAX. 077-564-7641

　障害者（児）の健康増進やリフレッシュ、あるいは教養の向上および健康管理・機能訓練の相談などを通じ、社会との交流の輪を広げる拠点となる施設です。また、福祉施設等の指導者への水中歩行介助等の研修事業も行われています。
●施設案内：アリーナ2、温水プール、トレーニング室、アーチェリー場、会議室、和室ほか●事業内容：障害者を対象にしたスポーツ教室、講習会、アクアビクス、ショートテニス、卓球教室等のほか、茶道、生け花などの文化教室。また、行事として夏まつり、ツリーのつどいなど●交通案内：JR「南草津駅」からバス「県立総合福祉センター前」下車（※JR「草津駅」からリフト付路線バス（ふれあい号）が運行されています）

②草津市立総合体育館

〒525-0002　草津市下笠町161
TEL. 077-568-3150
FAX. 077-568-3151

　昭和56年に開催されたびわこ国体を記念して開館された施設です。市民のスポーツ意識と競技力向上を目的に、スポーツ活動を通じて、地域住民のコミュニティ活動の拠点となっています。
●施設案内：アリーナ、トレーニング室、剣道場、柔道場、会議室●スポーツ教室、講習会：毎週木曜日（大会実施日を除く）に「ふれあいスポーツの集い」を開催。ほか「楽しいスポーツ教室」（小学1～3年生対象）など●利用料金：アリーナ（4分の1面・平日）午前￥1,650、午後￥2,470、夜間￥3,220ほか、柔・剣道場（平日）午前￥900、午後￥1,400、夜間￥1,800ほか、アリーナ電灯料金（1灯）￥40／h〈土日祝日は別料金、市外居住者は記載料金の1.5倍〉●休館日：火曜日、年末年始
●交通案内：JR草津駅西口からバス「小屋場」下車

③草津グリーンスタジアム

〒525-0029　草津市下笠町289-13
TEL. 077-568-8655
FAX. 077-568-3151

　総合体育館に隣接した本格的なスタジアムです。バックネット裏に1人がけ用シート351席と車椅子スペースを設置。外野芝生席は約1500人を収容できます。
●施設案内：グラウンド（内野：黒土混合

土、外野：砂入人工芝）、観覧席、スコアボード●**利用料金**：（平日）午前￥5,000、午後￥6,000、スコアボード（1回）￥1,050〈土日祝日は1.5割増、市外居住者は記載料金の1.5倍〉●**休場日**：火曜日、年末年始●**交通案内**：総合体育館と同じ

④矢橋帰帆島公園

〒525-0066　草津市矢橋町字帰帆2108
TEL. 077-567-1969（矢橋帰帆島公園）
FAX. 077-564-1903（　〃　）

　近江八景の一つ「矢橋の帰帆」で知られる景勝地に、下水処理施設として造られた人工島の中に広がる公園です。
●**施設案内**：テニスコート6、ゲートボール（屋根付）4、パークゴルフ（9ホール）、グランドゴルフコース（16ホール）、多目的グラウンド、プール（25m・幼児・スライダー）、子供の広場、キャンプ場ほか
●**利用料金**：テニスコート（1面・平日）午前￥1,260、午後￥1,680、夜間￥2,310、パークゴルフ（平日）￥2,440、グランドゴルフ（平日）￥880、多目的グラウンド（1面・平日）午前￥2,010、午後￥2,680、プール￥460、キャンプ場（1泊）￥310ほか（※プールは7月中旬から8月31日まで。キャンプ場は4月下旬〜9月30日まで）〈土日祝日は別料金〉●**定休日**：施設により異なる●**交通案内**：JR「草津駅」西口からバス「矢橋」下車、徒歩約10分

⑤草津市立水生植物公園みずの森

〒525-0001　草津市下物町1091
TEL. 077-568-2332
FAX. 077-568-0955
URL http://www.city.kusatsu.shiga.jp/

　「琵琶湖リゾートネックレス構想」により整備された烏丸半島の一角に、平成8年に開園した施設です。見る角度によって様々に変化する琵琶湖に面し、四季を通じて多様な水生植物と出会える公開植物園です。特に夏になると、湖水一面に蓮の花が咲き乱れ、その様はまさに壮観です。
●**施設案内**：ロータス館（映像ホール・アトリウム・常設展示室）、コミュニティ広場、芝生広場、湿性花園、教材園●**イベント・講習会**：各種有●**入園料**：￥300〈琵琶湖博物館との共通券有り〉●**休館日**：月曜日（祝日の場合は翌日）●**交通案内**：JR「草津駅」西口からバス「みずの森」下車

⑥草津市立ロクハ公園

〒525-0046　草津市追分町623
TEL. 077-564-3838
FAX. 077-564-4152
URL http://www.city.kusatsu.shiga.jp/

　昭和61年に建設省所管の「天皇陛下在位60周年記念健康公園」の指定を受け、昭和63年に開園した施設です。草津市の

南東に位置し、総合レクレーションゾーンとして、運動・文化イベント等にふさわしい施設として整備されています。
●施設案内：プール（25m・スライダー・流水・幼児）、多目的広場、野外ステージ、デイキャンプ場、軽食堂（夏季のみ）●スポーツ教室・講習会：水泳教室（女性・初心者・中級者・上級者）など●利用料金：プール入場料￥600、駐車料金（7・8月のみ）普通車￥300（※プール開催期間、デイキャンプ使用状況については要問い合せ）●休館日：月曜日（但し、夏休み期間中は無休）●交通案内：JR草津駅からバス「ロクハ荘」下車

Topics このイベントに注目！

OH！湖草津マラソン

毎年、勤労感謝の日に行われ、年齢・体力に応じて複数の部が設けられています。矢橋帰帆島を出着点とし、烏丸半島で折り返す風光明媚なコースが人気です。また、上位入賞者ならびに抽選（完走者対象）で、ニューヨークシティマラソン等への招待券が贈られます。
〈問〉OH！湖草津マラソン実行委員会事務局
TEL.077-561-2432

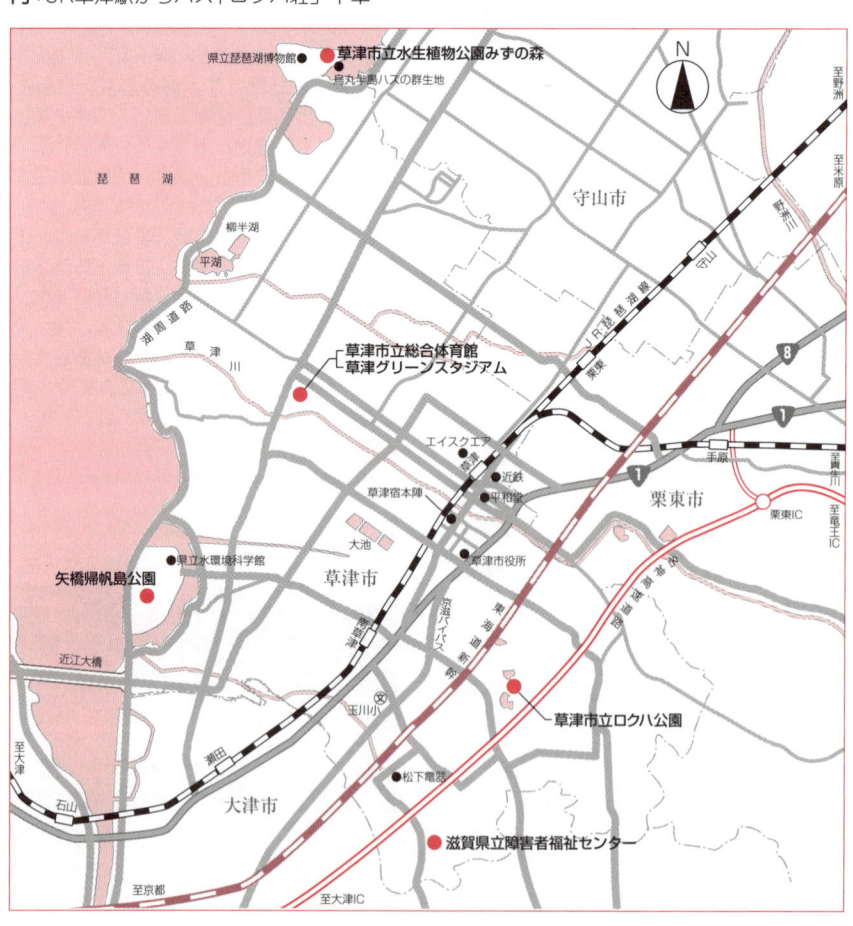

守山市

■ 知っ得スポット

守山市農村総合センター〈守山市杉江町495　TEL.077-582-1131（守山市観光協会）〉
家族で楽しめる農業施設として、平成12年にバナナ、パパイヤ、ランなどの観葉植物が見られる観葉温室、ハーブ園、バラ園などがオープンしました。

①市民運動公園

〒524-0051　守山市三宅町100
TEL. 077-583-5354
FAX. 077-583-5853

　昭和52年に完成した施設です。市の中央に位置し、体育館、野球場、テニスコート、多目的広場などが整備されています。平成2年には公園内に「ほたるの森資料館」がオープンしました。旧野洲川から移植された木々に囲まれ、ほたるを中心に昆虫等、小動物に関する資料が展示されています。
● 施設案内：市民体育館、農業者トレーニングセンター、市民球場、テニスコート4、ソフトボール場、スポーツ広場、交通園ほか ● 利用料金：アリーナ（半面・平日）￥600／h〜、市民球場（平日）￥1,000／h〜〈夜間は別料金、土日祝日は1.5割増、市外居住者は記載料金の2倍〉● 休業日：火曜日、祝日の翌日 ● 交通案内：JR「守山駅」からバス「市民ホール前」または「平安女学院」下車

②守山ふれあい公園

〒524-0022　守山市守山4丁目地先
TEL. 077-583-5354（市民体育館）
FAX. 077-583-5853（　〃　）

　平成11年に整備された新しい公園です。砂入り人工芝のテニスコートは人気が高く、多くの市民に利用されています。
● 施設案内：テニスコート2、ゲートボール場1、アスレチック広場 ● 利用料金：テニスコート（1面・平日）￥500／h〜〈夜間は別料金、土日祝日は1.5割増、市外居住者は記載料金の2倍〉● 休業日：火曜

Topics このイベントに注目！

野洲川冒険大会

　野洲川に親しんでもらうことを目的に、毎年7月に開催されるイベントです。ペットボトルや発泡スチロール製の手作りいかだで、野洲川左岸の新庄大橋から下流の天満大橋間（約2.5km）のコースを下ります。みこし型や七夕飾りなど、毎回趣向を凝らしたいかだが登場します。
〈問〉守山市社会教育関係団体連絡協議会
TEL.077-582-1142

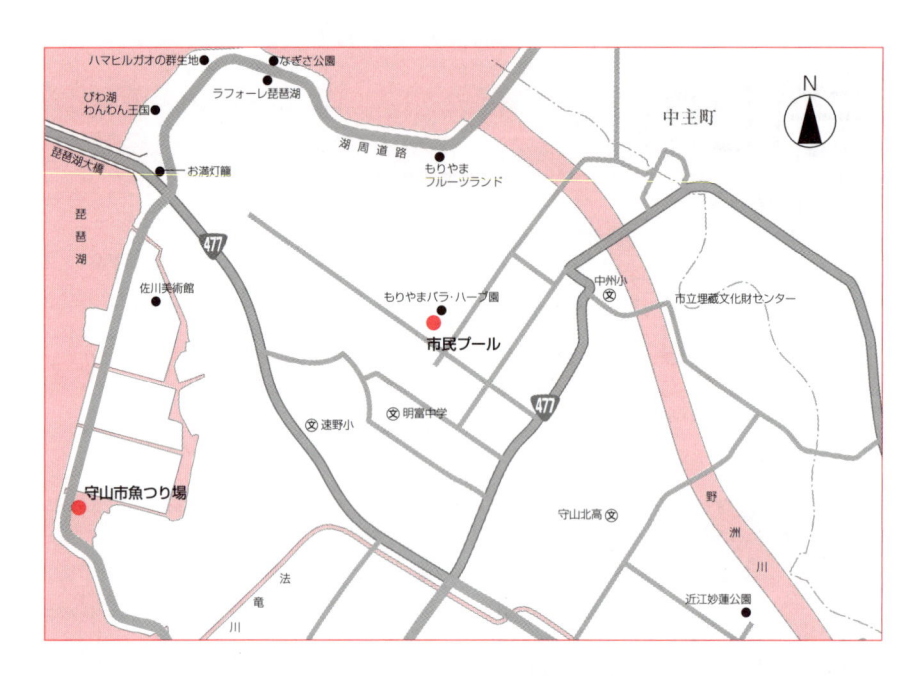

日、祝日の翌日●交通案内：JR「守山駅」からバス「市民病院」下車

③守山市市民プール

〒524-0215　守山市幸津川町2840
TEL. 077-585-5343（夏期のみ）
FAX. 077-585-5343（　〃　）

　昭和61年にオープンした屋外プール施設です。25m×7コースの大プールと、幼児プールがあります。小学生以下の児童は保護者が必ず同伴してください。
●施設案内：プール（大プール・幼児プール）●利用料金：大人￥300、中学生以下￥150●休業日：6／15～7／19は土日のみ開館、7／19～8／31は火曜日休館●交通案内：JR「守山駅」からバス「幸津川南」下車、徒歩約20分

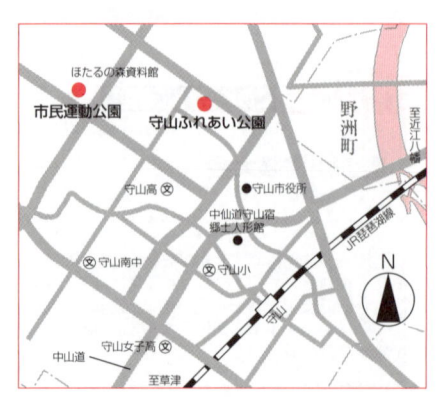

④守山市魚つり場

〒524-0104　守山市木浜町地先
TEL. 077-582-1130（守山市農政課）
FAX. 077-582-1166（　〃　）

　昭和60年に設置された施う設で、ブラックバス、ブルーギルなどのフィッシングスポットとして人気を呼んでいます。24時間無料開放で、いつでも気軽に釣りを楽しめます。
●交通安内：JR「守山駅」からバス「琵琶湖大橋ゴルフコース前」下車、徒歩約10分

栗東市

■知っ得スポット

栗東自然観察の森〈栗東市安養寺178-2　TEL.077-554-1313〉
約14万m²の森の中に、観察小屋、探勝道、ビートルランド、イトトンボの湿地などがあり、指導員のレクチャーを受けながら自然観察が楽しめます。

①県立栗東体育館

〒520-3022　栗東市上鈎514
TEL. 077-551-1031
FAX. 077-551-1018

県民スポーツの振興を図るために設置された施設で、特に体操競技の競技力向上を目的としています。体操器具を常設し、空中での回転技などを安全に練習できるピット2基を有し、体操競技の練習施設としては県下でも最高の条件を備えています。
●施設案内：アリーナ、体操スペース（チップ式ピット・ベッド式ピットほか）、バドミントンスペース、観覧席、トレーニング室、会議室ほか●スポーツ教室・講習会：県内在住者を対象に体操教室、エアロビクス教室など●利用料金：アリーナ￥460／2h、バドミントンスペース￥460／2h、トレーニング室￥460／2hほか〈県外居住者は記載料金の1.5倍〉●交通案内：JR草津線「手原駅」から徒歩約10分

②栗東市民体育館

〒520-3014　栗東市川辺390-1
TEL. 077-553-4321
FAX. 077-553-4379

スポーツおよびレクリエーションの振興と、市民の心身の健全な発達を促進することを目的に1978年に設置されました。市民のスポーツ活動の拠点となっています。
●施設案内：第1アリーナ（バレーボール3、バスケットボール2、バドミントン8）、第2アリーナ（バレーボール1、バドミントン3）、トレーニングルーム、会議室、更衣室●利用料金：第1アリーナ（半面・平日）午前￥1,000、午後￥1,500、夜間￥2,500ほか、第2アリーナ（全面・平日）午前￥700、午後￥1,000、夜間￥1,700ほか、トレーニングルーム（1回）￥100〈市外居住者は別設定〉●休館日：月曜日（祝日の場合は翌日、年末年始）●交通案内：JR草津線「手原駅」から徒歩約20分

③栗東運動公園テニスコート

〒520-3014　栗東市川辺390-1
TEL. 077-553-4321
FAX. 077-553-4379

昭和57年に設置された施設で、気軽にテニスを楽しむことができます。
●施設案内：テニスコート2、照明設備有●利用料金：￥400／h、夜間は￥700／h〈市外居住者は記載料金の2倍〉●休園日：月曜日（祝日の場合は翌日）、年末年始●交通案内：JR草津線「手原駅」から徒歩約20分

④平谷球場

〒520-3002　栗東市観音寺459-2
TEL. 077-553-4321
FAX. 077-553-4379

　こんぜの里からほど近く、同施設内にある森林体験交流センター「森遊館」利用者や、バンガロー村（⑦参照）利用者らに人気があります。
●施設案内：野球場1、多目的グラウンド1、グラウンドゴルフ場●利用料金：野球場（平日）￥250／h、（休日）￥300／h、多目的グラウンド・グラウンドゴルフ場（平日）￥200／h、（休日）￥250〈市外居住者は記載料金の2倍〉●休場日：月曜日（祝日の場合は翌日）●交通案内：JR栗東駅から車で約40分

⑤野洲川運動公園

〒520-3041　栗東市出庭野洲川河川敷
TEL＆FAX.077-553-1006

　野洲川の河川敷に、球場・テニスコート・陸上競技場などのスポーツ施設が整備されています。近くには体育館（⑥参照）・グラウンド・パターゴルフ場（ロンプレイフィールド）等があり、川面を渡る心地よい風に吹かれながら、スポーツを楽しむことができます。
●施設案内：陸上競技場、球技場（ソフトボール3・サッカー1・ラグビー1）、テニスコート4、芝生グラウンド、パターゴルフ場（18ホール）ほか●利用料金（平日）：陸上競技場（団体貸切）￥1,000／h、ソフトボール場（1面）￥150／h、テニスコート（1面）￥400／h、ロンプレイフィールド￥400ほか〈市外居住者は別設定〉●交通案内：名神高速道路「栗東IC」から車で約15分

⑥野洲川体育館

〒520-3041　栗東市出庭2083
TEL＆FAX.077-553-1006

　昭和61年に開設された施設です。周辺に点在する多様なスポーツ施設とともに、県内外の学校、団体等から利用されています。
●施設案内：アリーナ（バスケットボール1、バレーボール2、バドミントン3）、会議室、更衣室●利用料金：（半面・平日）午前￥500、午後￥800、夜間￥1,300ほか〈市外居住者は別設定〉●休館日：月曜日（祝日の場合は翌日）、年末年始

⑦こんぜの里バンガロー村

〒520-3002　栗東市観音寺535
TEL. 077-558-0908
FAX. 077-558-0905

　「道の駅こんぜの里りっとう」を中心に、「こんぜの里バンガロー村と「森林体験交流センター森遊館」が広がっています。村内にはヨーロッパ風のバンガロー9棟があり、すべてコンドミニアム式で、星空が楽しめるバルコニーが魅力です。キャンプワールドには10基のテントサイトがあり、キャンプ用品のレンタルも行われています。近くには水車公園や野球場、県民の森

があります。
●**施設案内**：常設キャンプ10区画、炊事棟、バンガロー（4～6人用）9棟、バンガロー管理棟ほか●**利用料金**：入場料￥200、常設テント（1基4人以上）1人￥1500、バンガロー（定員4人棟）1日￥12000～ほか●**交通案内**：JR「草津駅」よりバス「成谷行き」終点下車、徒歩約45分

⑧治田西スポーツセンター

〒520-3024　栗東市小柿1-1-11
TEL＆FAX.077-554-0169

昭和62年に設置された施設です。
●**施設案内**：アリーナ（バスケットボール1、バレーボール2、バトミントン3）、更衣室●**利用料金**：（平日）午前￥700、午後￥1,000、夜間￥1,700ほか●**休館日**：月曜日（祝日の場合は翌日）、年末 年始●**交通案内**：JR栗東駅から車で約10分

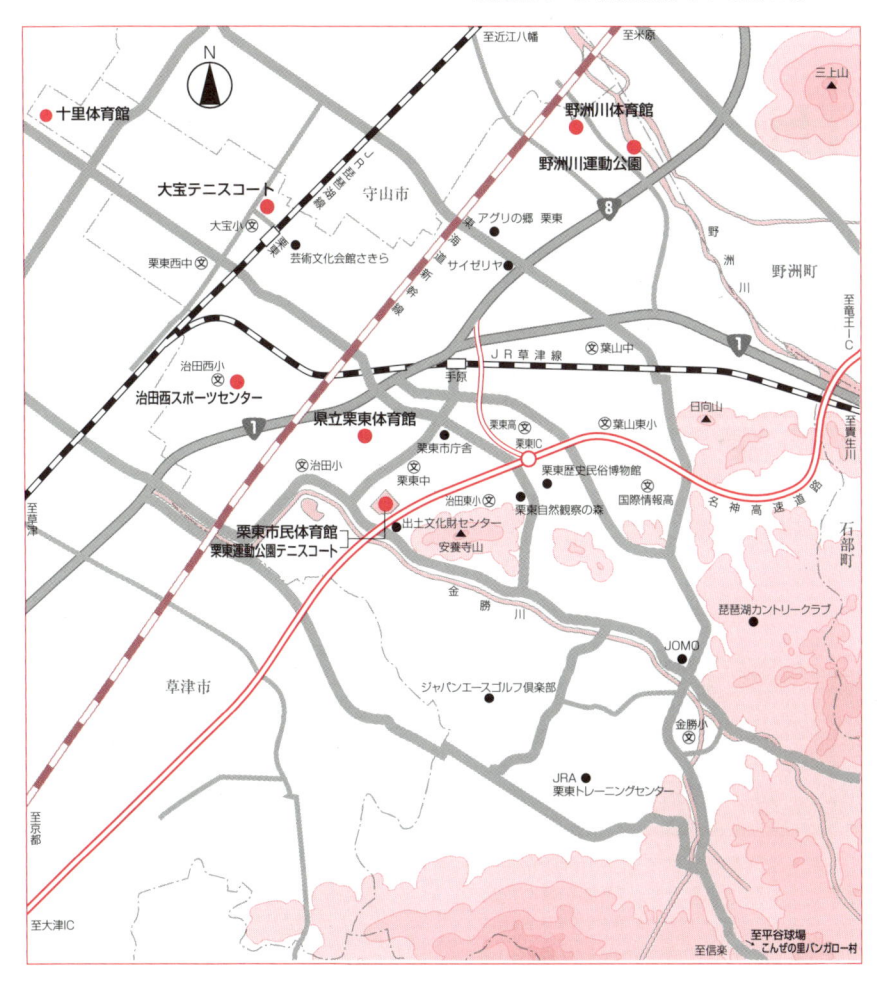

⑨十里体育館

〒520-3036　栗東市十里450-1
TEL&FAX.077-553-1701

昭和60年に設置された施設です。
●**施設案内**：アリーナ（バスケットボール1、バレーボール2、バドミントン3）、更衣室●**利用料金**：（平日）午前￥700、午後￥1,000、夜間￥1,700ほか●**休館日**：月曜日（祝日の場合は翌日）、年末年始

⑩大宝テニスコート

〒520-3031　栗東市綣7-4
TEL. 077-553-1900

平成3年に設置された施設です。
●**施設案内**：テニスコート（クレー）2●**利用料金**：￥200／h●**休場日**：月曜日（祝日の場合は翌日）、年末年始●**交通案内**：JR栗東駅から徒歩約5分

中主町

■**知っ得スポット**

ちゅうずドリームファーム　〈中主町吉川2425　TEL.077-589-6272〉
約2000坪の果樹園に500羽のにわとりが放し飼いされ、玉子ひろいや果樹園体験ができるほか、体験農園、大型水耕ハウス見学もできます。

①中主町B&G海洋センター

〒520-2412　中主町六条460
TEL. 077-589-5100
FAX. 077-589-5525

スポーツ活動を通して町民の健康増進と体力向上を図り、豊かな人間性を養うために、B&G財団の協力を得て昭和56年に開設されました。町内のスポーツ振興の拠点として、年間を通じて家族やグループ、職場等で気軽に利用されています。
●**施設案内**：体育館（アリーナ・ミーティングルーム・更衣室）、プール（25m×6コース・幼児用）、艇庫（カヌー・OPヨット・12フィートヨット・マリンジェット等配備）、町民グラウンド、町民テニスコート●**イベント**：マリンスポーツフェスティバル、ドラゴンカヌー大会等●**利用料金**：体育館（半面）￥100／h、プール

¥200、グラウンド（半面）¥500／h、テニスコート（1面）¥100／h〈町外居住者は記載料金の2倍〉●交通案内：JR「野洲駅」からバス「兵主大社前」下車、徒歩約5分

②ビワコマイアミランド

〒524-0201　中主町吉川字中瀬3326-1
TEL. 0775-89-4254

琵琶湖国定公園湖岸緑地マイアミ・アヤメ浜園地にあり、バックに沖島と雄大な比良山系が広がる抜群のロケーションが魅力です。のんびりとキャンプやテニス、ローンフィールド、バードウオッチング等が楽しめます。野鳥公園、アイリスパークなど、周辺は自然の宝庫です。
●施設案内：自由広場（キャンプ場）、アイリスパーク、パターゴルフ、テニスコート、野鳥公園ほか●利用料金：施設利用料（1泊）¥800、テント（1張）¥1,000、パターゴルフ（1ラウンド）¥1,000、テニスコート（1面・平日）¥1,500／hほか●休業日：1月1日●交通案内：JR「野洲駅」から車で約20分

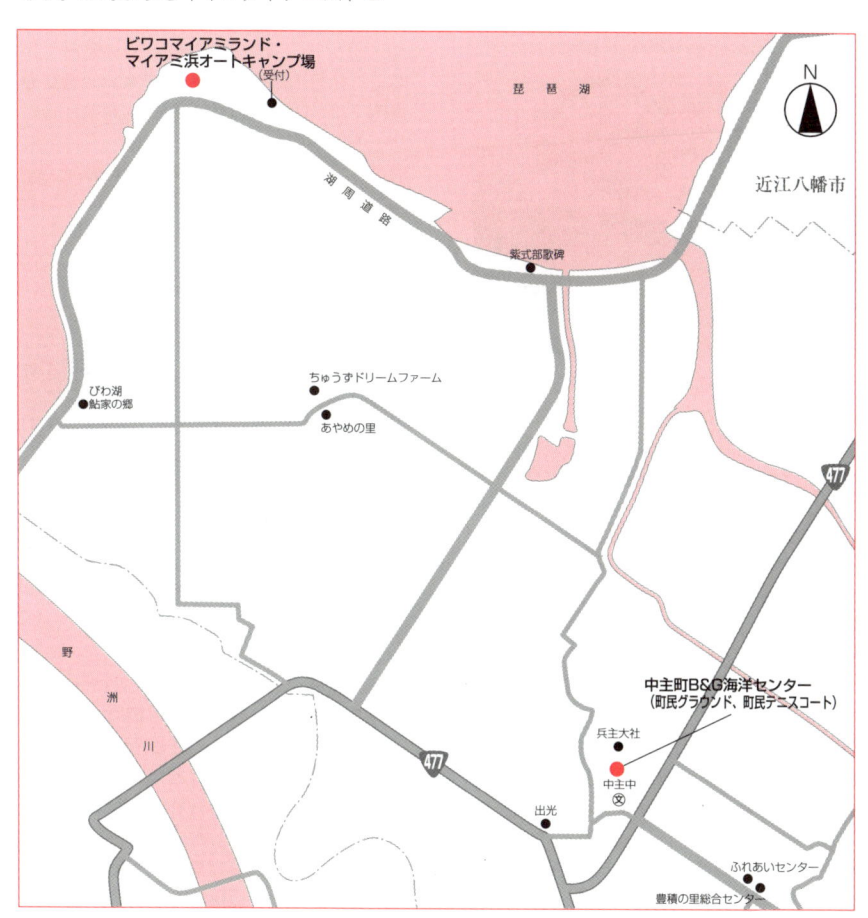

野洲町

■知っ得スポット

銅鐸博物館〈野洲町辻町57-1　TEL.077-587-4410〉
野洲町は日本一大きな銅鐸が出土した「銅鐸のまち」として知られます。町内大岩山から出土した銅鐸を中心に、銅鐸の謎に迫ることができます。

①滋賀県希望が丘文化公園

〒520-2321　野洲町北桜978（スポーツゾーン）
TEL. 077-588-3251（スポーツ会館）
FAX. 077-588-3252（　〃　）
URL http://www.shiga-bunshin.or.jp/kibougaoka/

野洲町・甲西町・竜王町の3町にまたがる416haの多目的公園で、園内はスポーツゾーン・野外活動ゾーン・文化ゾーンに分かれ、それぞれ適した施設や緑地が設けられています。

●施設案内：スポーツ会館（体育室・格技場・卓球場・レンタサイクルほか）、公認4種陸上競技場（全天候400mトラック・屋内練習場ほか）、野球場、ソフトボール場、草野球場（多目的グラウンド）、屋外テニスコート13、屋内テニスコート3（照明有）、フィールドアスレチック、グラウンドゴルフ場（24ホール）、子ども広場、芝生ランド、ピクニックランドほか　●利用料金（貸切）：体育室（半面）午前￥2,125、午後￥3,115、卓球場（1台）￥360/h、陸上競技場・午前￥4,700、午後￥8,000、野球場・午前￥3,850、午後￥4,990、草野球場（半面）午前￥1,245、午後￥2,025、テニスコート（屋外1面）￥1,140／2h、（屋内1面）￥2,100／2hほか〈県外居住者は記載料金の2倍〉　●スポーツ教室・講習会：各種イベント、スクール等など　●休園日：月曜日（休日の場合は翌日）、年末年始　●交通案内：JR「野洲駅」からバス「希望が丘西ゲート」下車

②県立近江富士花緑公園

〒520-2323　野洲町三上5109
TEL. 077-586-1930
FAX. 077-586-4084
URL http://www.biwa.ne.jp/~karyoku/

三上山のふもとに広がる約54haの公園。宿泊施設・レストランなどのある「ふるさと館」を始め、散策道が整備された森林浴コース、1万本の樹木や四季折々の花が植えられている植物園、木工クラフトが体験できるウッディルームなどがあります。

●施設案内：植物園、ふるさと館、ロッジ6棟、遊具広場、わくわく学習館、ウッディルーム、里の家ほか　●利用料金：ふるさと館（1泊）￥3,430ほか、ロッジ（1泊1

棟・定員4名）￥13,500ほか●休園日：月曜日（祝祭日の場合は翌日）、年末年始●交通案内：JR「野洲駅」からバス「花緑公園ふるさと館前」下車、徒歩約5分（「希望ケ丘西ゲート」下車、徒歩約15分）

③野洲川河川公園

〒520-2323　野洲町三上2224
TEL. 077-586-0800
FAX. 077-586-1933

　河川環境整備の一環として野洲川改修の高水敷地14.2haを利用し整備されたものです。河川をより理解するとともに、健康づくり、コミュニティ形成のためのスポーツ・レクリエーションの場として各施設が配置されています。
●施設案内：野球場、多目的運動場（3面）、陸上競技場、テニスコート（砂入り人工芝5、クレー2）、グラウンドゴルフ場（16ホール）、会議室ほか●スポーツ教室・講習会：テニススクール、グラウンドゴルフ月例会を毎月第4水曜日AM開催●利用料金：野球場￥1,500、多目的運動場￥1,300、陸上競技場￥1,700〈以上は町外居住者は記載料金の2倍〉テニスコート・人工芝￥1,000／2h、クレー￥400／2h、グラウンドゴルフ場￥250〈町外居住者は記載料金の1.5倍〉●休園日：月曜日●交通案内：国道8号「御上」信号を琵琶湖方面に入り約3分

④野洲町立総合体育館

〒520-2351　野洲郡野洲町冨波甲1339
TEL. 077-587-3477
FAX. 077-587-3276

　平成元年に町民の健康体力づくり、コミュニティ形成の場として開館しました。平成2年には温水プールを併設し、近年はスポーツのみでなく、様々なイベントを開催。多目的施設として地域住民に親しまれています。
●施設案内：アリーナ（大・小）、柔・剣道場、会議室、トレーニング室、ランニングロード、温水プール●スポーツ教室・講習会：トレーニング室使用者講習会、エアロビクススクール、太極拳教室のほか、プールでは各種スイミング教室など●トレーニング室：ランニングロード（1回）￥200〈町外居住者は記載料金の倍〉、温水プール￥600●休館日：月曜日●交通案内：JR「野洲駅」から循環バス「総合体育館前」下車

Topics このイベントに注目！

三上山初登山大会
　新春を三上山の山頂で初日の出とともに祝い、健全な体づくりをめざして行われる恒例の大会です。元旦の午前5時前、約500人前後の参加者が麓の三上神社に集合し、山頂をめざします。
〈問〉三上山初登山大会実行委員会
TEL.077-587-6713（野洲町教育委員会事務局生涯学習課）

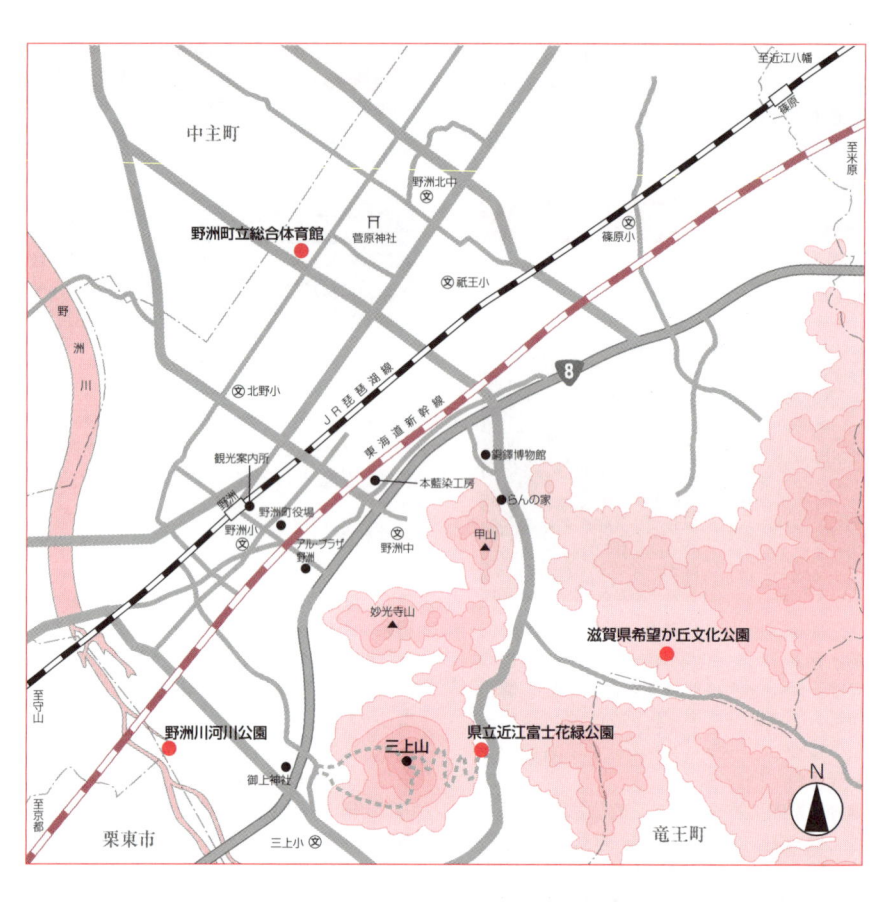

広告

琵琶湖と遊ぶカヌー体験

4～10月
■**野外体験学習**（小・中・高校生対象）
カヌー、ラフト、イカダ造り　平日開催

4～10月
■**カヌー・スクール**（一般対象）
毎週土・日曜日開催

■**会場**
びわこマイアミ・オートキャンプ場
休暇村近江八幡、瀬田川、他

見て、触れて、乗って選べます

FALTPIA
カヌー・カヤック常時130艇以上展示
BIWAKO CANOE CENTER
琵琶湖カヌーセンター

〒520-0241　滋賀県大津市今堅田2-14-23
TEL 077-574-0901　FAX 077-574-0902
詳しくは、ホームページで！　http://www.faltpia.co.jp/bcc

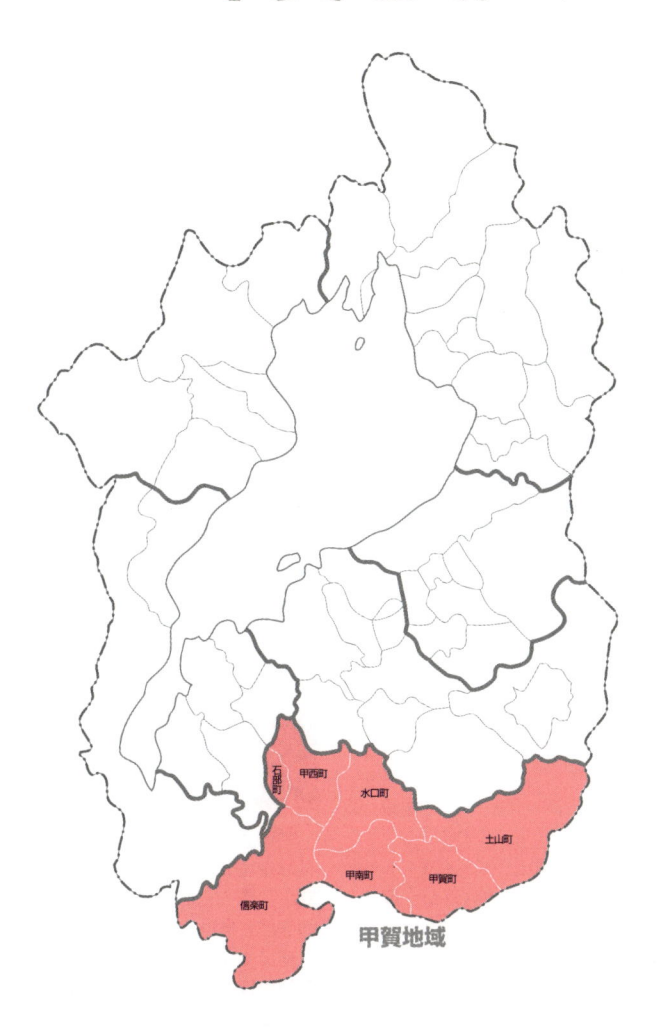

● 甲賀地域 ●

石部町 甲西町 水口町 土山町 信楽町 甲南町 甲賀町

甲賀地域

石部町

■知っ得スポット

石部町歴史民俗資料館〈石部町雨山2-1-1　TEL.0748-77-5400〉
東海道51番目の宿場町として栄えた往時の石部にタイムスリップさせてくれます。旅籠や関所など宿場町の様子を再現した「石部宿場の里」などがあります。

①雨山文化運動公園

〒520-3116　石部町雨山2-1-1
TEL. 0748-77-5400
FAX. 0748-77-5401

緑と潤いのある文化生活、さらに余暇生活を実り多きものにするため、開設された施設です。体育館、勤労者体育センター、テニスコート、グランド、プール等が敷地内に点在し、スポーツによる心身の鍛練、自然とのふれあい、人と人のコミュニティづくりなど、仲間同士の交流を深める拠点となっています。
●施設案内：雨山体育館（アリーナ、観覧席344席、ステージ、トレーニングルーム、シャワールームほか）、雨山テニスコート（全天候型コート6［うち夜間照明有3］、壁打ち練習コート1）、雨山総合グランド（400m用トラック、野球、サッカー、ソフトボール、サッカー各2面、ラグビー砂場［夜間照明有］）、雨山野外活動施設（③臥龍の森参照）、町民プール（25m・児童用・幼児用）ほか●スポーツ教室・講習会：テニス教室、エアロビクス・ヨガ・太極拳講習会など●利用料金：雨山体育館・午前￥1,260／h、午後￥1,580／h、夜間￥2,310／h、テニスコート（午前・午後）￥420／h、(夜間)￥530／h、グランド（午前・午後・夜間）￥5,250●休園日：月曜日、祝日の翌日、年末年始●交通案内：JR草津線「石部駅」から徒歩約25分

②石部勤労者体育センター

〒520-3116　石部町雨山2-1-1
TEL. 0748-77-5400
FAX. 0748-77-5401

雨山運動公園内にある施設で、申し込み等は雨山公園管理事務所で受け付けています。公園内にはほかに石部町歴史民俗資料館などもあり、東海道の宿場町として栄えた石部の文化・歴史にふれることもできます。
●施設案内：アリーナ1、更衣室、用具室ほか●利用料金：午前￥840／h、午後￥1,050／h、夜間￥1,580／hほか●休館日：月曜日、祝日の翌日、年末年始●交

通案内：JR草津線「石部駅」から徒歩約25分

③臥龍（がりゅう）の森

〒520-3116　石部町雨山2-1-1
TEL.0748-77-5400
FAX.0748-77-5401

巽の森、立石の森、曙の森、陽だまりの森など、それぞれユニークな名前がつけられた森を遊歩道でめぐるようになっています。四季折々の花木があふれ、近在の雨山野外活動施設には、キャンプ場や憩いの広場、あずま屋などが整備されています。
●施設案内：キャンプ場（テント40張、炊事場、トイレ、山小屋1棟）、憩いの広場、あずま屋、ランニングコース（全長1.3km）
●イベント：毎年4月頃、サクラ祭りを開催●利用料金：（雨山野外活動施設）テント1張￥1,050●休園日：月曜日、祝日の翌日、年末年始●交通案内：JR草津線「石部駅」から徒歩約25分

④じゅらくの里

〒520-3111　石部町東寺4-4-1
TEL.0748-77-0041
FAX.0748-77-0040

　風光明媚な丘陵地に開設された安らぎと憩いの場です。福祉パーク館やクラフト体験ができる土の館、木工の館等とともに、パターゴルフが楽しめる健康増進広場、芝生広場、ふれあい広場などが整備され、自

広告

こんなに近くの大自然 比良

グリーンシーズンは トレッキング。
ホワイトシーズンは スキー。
1年中楽しめる大パノラマ

比良山系の最高峰・武奈ヶ岳

■リフト・ロープウエイ営業時間（春～秋）
始発（山麓駅）9:00 － 終発（山上駅）17:00

トレックステーション 比良ハット
山土駅のアウトドアショップ
ガイドウォーク、登山用品

吹き渡る風とリラックスタイム 八雲ヒュッテ
喫茶、お食事

お問い合わせ **比良ロープウエイ**

〒520-0503　滋賀県滋賀郡志賀町北比良
TEL.**077-596-0516**
比良ハット　TEL.**077-596-2320**
URL http://www.hirasan.co.jp

然の心地よさを満喫することができます。●**施設案内**：福祉パーク館、木工の館、土の館、健康増進広場、芝生広場、ふれあい広場ほか●**利用料金**：土の館、木工の館・午前￥1,050、午後￥1,050（※材料費は利用者負担）、健康増進広場（パターゴルフ）1回￥320ほか●**休館日**：月曜日（祝日の場合は翌日）、祝日の翌日、年末年始●**交通案内**：JR草津線「石部駅」からバス「じゅらくの里」下車

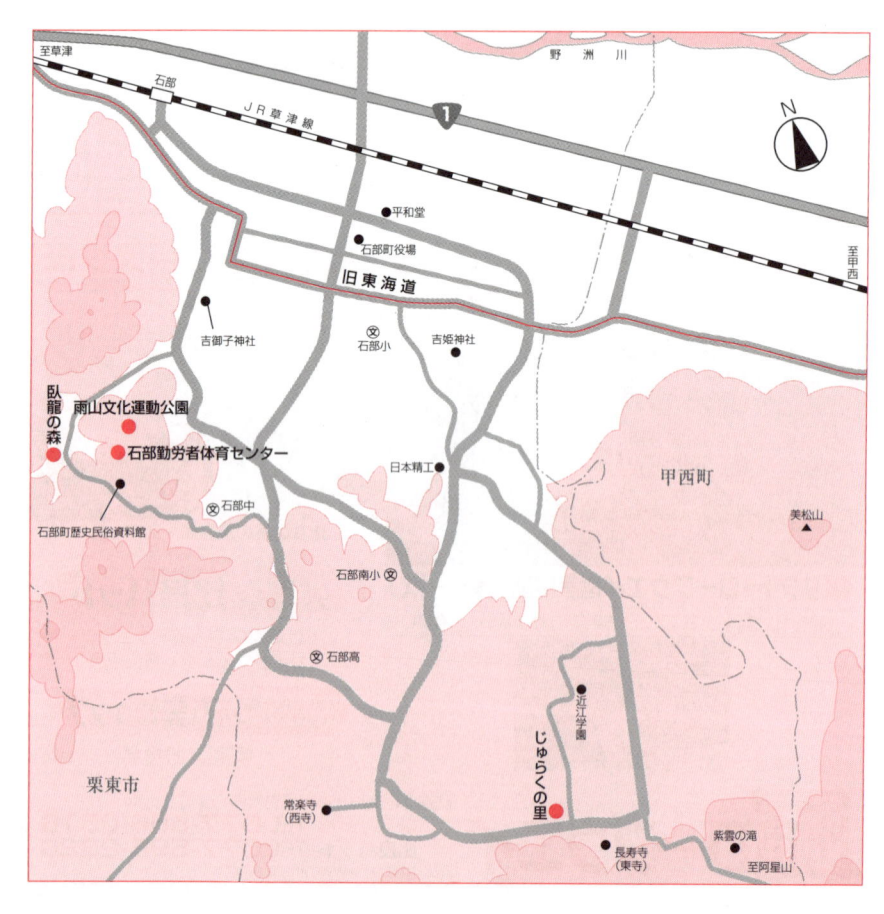

甲西町

■知っ得スポット

平松のうつくし松〈甲西町平松541　TEL.0748-71-2331（甲西町観光協会）〉
美松山の斜面一帯に国の天然記念物・アカマツの変種が約210本、自生しています。主幹がなく、根っこから枝が地表近くで放射状に分かれています。

①甲西勤労者総合福祉センター（サンヒルズ甲西）

〒520-3202　甲西町西峰町1-1
TEL. 0748-75-8190
FAX. 0748-75-8192
URL http://cgi1.biwa.ne.jp/~kosei-k/guide/sanhiruzu.htm

　勤労者の文化と福祉の向上を目的に、平成11年に設置された施設です。就業支援のための事業をはじめ、企業研修やサークル活動の場として広く利用されており、パソコンやトレーニングマシンは個人が好きな時間に利用が可能です。
●**施設案内**：多目的ホール、OA研修室、会議室、研修室、音楽スタジオ、トレーニングルーム●**講習会**：トレーニングマシンの利用講習会など●**利用料金**：トレーニングルーム（1回）￥200／2h（※冷暖房利用は2割増）●**交通案内**：JR草津線「三雲駅」からバス「団地中央」下車、徒歩約5分

②甲西町民グラウンド

〒520-3211　甲西町高松町7番地
TEL. 0748-75-0230
FAX. 0748-75-0230

●**施設案内**：野球場（軟式）、サッカー場、陸上競技場●**スポーツ教室・講習会**：サッカー教室、陸上教室、野球教室など●**利用料金**：（平日）野球場・午前￥2,100、午後￥3,100、サッカー場・午前￥2,200、午後￥3,200、陸上競技場・午前￥2,000、午後￥3,000〈町外居住者は記載料金の1.5倍〉●**休館日**：月曜日（祝日の場合は翌日）、年末年始、1月～3月は陸上競技のみ●**交通案内**：JR草津線「三雲駅」からバス「町民グラウンド前」下車

③湖国十二坊の森 十二坊温泉ゆらら

〒520-3252　甲賀郡甲西町岩根678-28
TEL. 0748-72-8211
FAX. 0748-72-8443
URL http://www.yurara.or.jp/

　「修験の湯」や「百伝の湯」といった温泉のほか、水中での歩行運動を目的にしたバーデプールやトレーニングルームがあります。屋外には森林浴トリムコースやジョギングコースなどが設けられ、子どもから高齢者まで気軽に利用できるリラクゼーションスポットです。
●**施設案内**：温泉、バーデプール、トレーニング室、レストラン、森林浴トリムコースほか●**スポーツ教室・講習会**：ウォーターエクササイズ教室、座禅体験講座、「癒し」講座など●**利用料金**：おふろ¥600、プール¥800ほか●**休館日**：火曜日（祝日の場合は翌日）、年末年始●**交通案内**：JR草津線「甲西駅」から徒歩約10分（甲西町役場前より循環バスあり）

④甲西町総合体育館

〒520-3223　甲西町夏見589
TEL. 0748-72-4990
FAX. 0748-72-7117

　町民のスポーツ意識の向上とスポーツ振興のため、各種スポーツ教室を開催しています。
●**施設案内**：大・小アリーナ、柔道場ほか
●**スポーツ教室・講習会**：子供リズム体操教室、親子体操教室、卓球教室、気功太極拳教室など●**利用料金**：大アリーナ（全面・土日祝日）午前¥4,500、午後¥6,000、夜間¥7,500ほか〈町外居住者は記載料金の1.5倍〉●**休館日**：月曜日（祝日の場合は翌日）、年末年始●**交通案内**：JR草津線「甲西駅」から徒歩約30分

⑤甲西町野洲川運動公園

甲西町中央3丁目1番地先
TEL. 0748-72-2133（財甲西町文化体育振興事業団）
FAX. 0748-72-7305（　〃　）

　町民のスポーツ意識の向上と、スポーツ普及、振興を図ることを目的とした施設です。
●**施設案内**：野球場1、ソフトボール場1、サッカー場1、テニスコート6（クレイ4、アスコールド2）、多目的グラウンド●**利用料金**：（平日）野球場・ソフトボール場・午前¥1,100、午後¥1,600、サッカー場・午前¥1,200、午後¥1,700、テニスコート・午前¥850、午後¥1,100ほか〈町外居住者は記載料金の1.5倍〉
●**交通案内**：JR草津線「甲西駅」から徒歩約20分

⑥野洲川親水公園

甲西町夏見河川敷
TEL.0748-72-4990（甲西町総合体育館）
FAX.0748-72-7117（　〃　）

　野洲川の恵まれた自然環境にふれながら、スポーツやリクレーションを通じて心身の健全な育成を図ることを目的とした総合公園です。
　多目的運動広場は陸上競技用として400mトラックが、サッカーなら2面、ソフトボールなら4面がとれます。その他、自由広場やグラウンドゴルフコース、湿性植物園や野鳥誘致園などがあります。
●施設案内：多目的運動広場、グラウンドゴルフコース（8ホール×2）、ゲートボールコート5、自由広場、交通広場ほか●スポーツ教室・講習会：グラウンドゴルフ教室など●利用料金：多目的運動広場（1面・土日祝日）陸上競技￥400／h、サッカー￥200／h、ソフトボール￥150／h、ゲートボールコート￥300／h、グラウンドゴルフコース￥250／h〈町外居住者は記載料金の2倍〉●休園日：月曜日（祝日の場合は翌日）、年末年始、1月～3月は芝生養生のため運動広場使用不可●交通案内：JR草津線「甲西駅」から徒歩約30分

⑦甲西勤労者総合スポーツ施設（サン・ビレッジ甲西）

〒520-3223　甲西町夏見2056
TEL.0748-72-1212
FAX.0748-72-1212

　勤労者の福祉の増進と、地域住民のスポーツ普及振興を図り、豊かな活力ある地域づくりを推進することを目的とする施設です。
●施設案内：多目的グラウンド、テニスコート（砂入人工芝）2●スポーツ教室、講習会：テニス教室、サッカー教室など●利用料金：施設は無料、夜間照明使用料としてグラウンド￥1,000／h（※半面使用は半額）、テニスコート（1面）￥300／h●休館日：月曜日（祝日の場合は翌日）、年末年始●交通案内：JR草津線「甲西駅」から徒歩約30分

⑧甲西町青少年自然道場（キャンプ場）

〒520-3222　甲西町吉永251
TEL.0748-72-2790
FAX.0748-72-2790

　水と緑に囲まれた自然の中で、集団宿泊（256人収容可能）を通じて人や自然、社会とのふれあいを深めることを目的とした施設です。敷地内にはクラフト体験ができる手作りの国や、広場等があります。
●施設案内：宿泊棟6、リーダー棟、炊事等、シャワー棟、手作りの国、キャンプ場、フィールドアスレチック、ハイキングコースほか●スポーツ教室・講習会：体験学習教室など●利用料金：日帰り￥300、宿泊￥500ほか●交通案内：JR草津線「三雲駅」または「甲西駅」から徒歩約30分

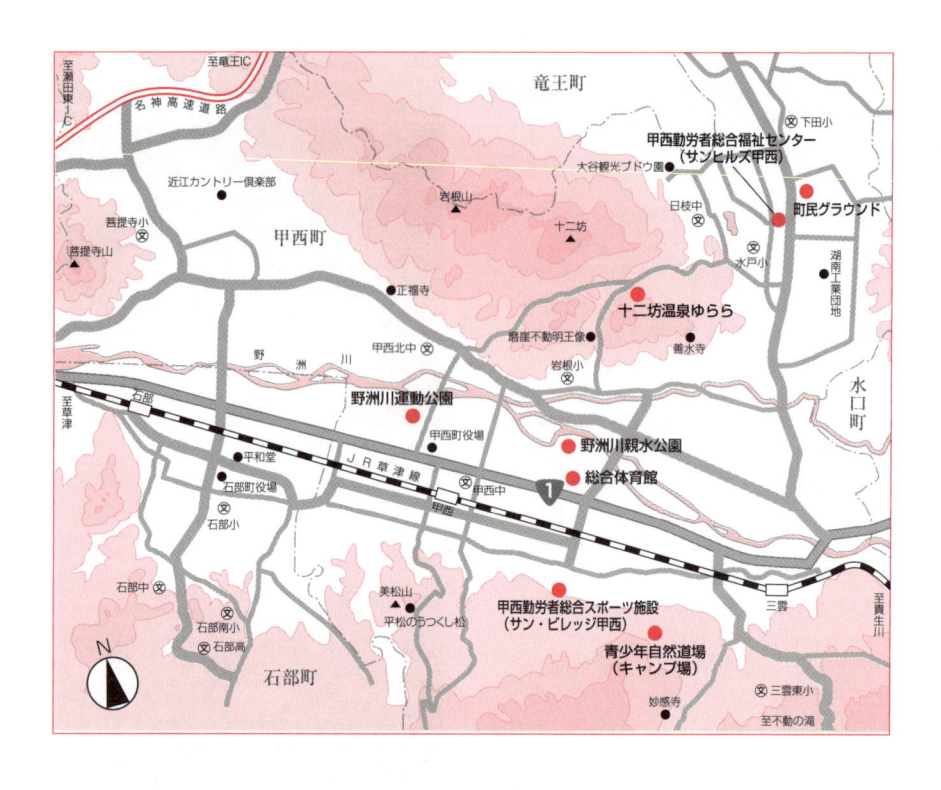

広告

「見る・採る・食べる」が楽しめる！

New-spot 焼きたてパン工房
地元のお母さんたちの手作り

観光農園スケジュール

- ◆ いちご狩り　4月～末日
- ◆ なし狩り　8月中旬～10月上旬
- ◆ さつま芋園　9月～10月末
- ◆ ぶどう狩り　8月中旬～9月末
- ◆ 柿　園　11月～末日

動物ふれあい広場には、ポニー、羊、ヤギなどがいっぱい。

●アグリパーク竜王 SHIGA

〒520-2531　滋賀県蒲生郡竜王町山之上6526番地
TEL0748-57-1311　FAX0748-57-1047
URL http://www.biwa.ne.jp/~aguri-p/

水口町

■知っ得スポット

水口城資料館〈水口町本丸　TEL.0748-63-5577〉
明治7年に廃城となった水口城跡に角櫓が復元され、資料館として公開されています。築城当時の100分の1模型など、美しい水堀を有した往時の姿が偲べます。

①水口スポーツの森

〒528-0051　水口町北内貫230
TEL. 0748-62-7529
FAX. 0748-62-7529

県制百年事業として昭和47年に開設された施設で、現在、年間約25万人の利用者があります。野洲川沿いの丘陵地帯4万㎡におよぶ敷地に、陸上競技場やサッカー場、野球場、テニスコート、トリムコース、そしてキャンプ場やちびっこ広場、ゴーカートなどが整備され、誰でも気軽にスポーツを楽しむことができます。

●**施設案内**：陸上競技場、野球場（軟式）、サッカー競技場、ソフトボール場、テニスコート（オムニコート2、舗装コート6）、ゴーカート場、ボート、キャンプ場、ロッジ、ウッデイハウス、プール、トリムコース、ちびっこ広場ほか●**利用料金**：陸上競技場￥6,000／日、サッカー場￥8,000／日、ソフトボール場￥1,200／日、テニスコート（平日）￥600／h、ゴーカート￥200、ボート￥200、キャンプ場（1人）￥100／日、ロッジ（1泊）￥1,500、プール￥300ほか●**休館日**：年末年始（プール開設期間は7／1～8／31）●**交通案内**：JR草津線「貴生川駅」からバス「スポーツの森」下車、徒歩約5分

②みなくち総合公園 みなくち子どもの森

〒528-0051　水口町北内貫10
TEL. 0748-63-6712
FAX. 0748-63-0466

甲賀の里山を生かした自然公園で、平成13年に開園しました。園内には自然館（自然博物館）、昆虫広場のほか、メダカ池や田んぼ、畑、炭焼小屋もあり、里山の光景が広がっています。自然観察の拠点として注目を集めています。

●**施設案内**：自然館、体験農場、昆虫広場、森の広場、花の森ほか●**講習会・学習会**：

Topics このイベントに注目！

全国バイアスロン競技飯道山大会

クロスカントリースキーとライフル射撃の2つからなるバイアスロンにヒントを得たもので、15kmの登山道を使ったクロスカントリーマラソンと、甲賀忍者にちなんだ吹き矢などの射的競技を組み合わせたユニークな大会です。毎年8月に開催されます。
〈問〉飯道山を考える会事務局
TEL.0748-63-2657

「自然ふれあい学習会」、「体験農場ふれあい講座」など●利用料金：自然館¥200、屋外施設は無料●休館日：月曜日、祝日の翌日、年末年始●交通案内：JR草津線「貴生川駅」から徒歩約30分、またはバス「養護学校」下車、徒歩約10分

③野洲川河川公園

〒528-0051　水口町北内貫230
TEL. 0748-62-7529（水口スポーツの森）

　野洲川河川敷の護岸整備と並行して、スポーツ施設や水生植物園などの余暇利用施設が整備され、誕生した河川公園です。特に水生植物公園には花しょうぶ約7000本が植生され、開花時期には芝生の緑と花しょうぶの紫が見事なコントラストを織りなします。
●施設案内：テニスコート4、ゲートボール場2、多目的広場、水生植物公園●利用料金：テニスコート（平日）¥600／h、（土日祝日）¥800／h●交通案内：JR草津線「貴生川駅」から徒歩約30分、またはバス「スポーツの森」下車、徒歩約5分

④柏木公園

〒528-0057　水口町北脇184
TEL. 0748-62-9589（水口体育館）

　水口町総合グラウンドを再整備し、平成11年に都市公園（近隣公園）として開設しました。周辺住民や地域のテニス、野球愛好家らの活動拠点となっています。
●施設案内：テニスコート（クレイ舗装）3、野球場（クレイ舗装）、遊具●利用料金：無料（要申込）●（水口体育館）月曜日●交通案内：JR草津線「貴生川駅」からバス「中央公民館」下車、徒歩約15分

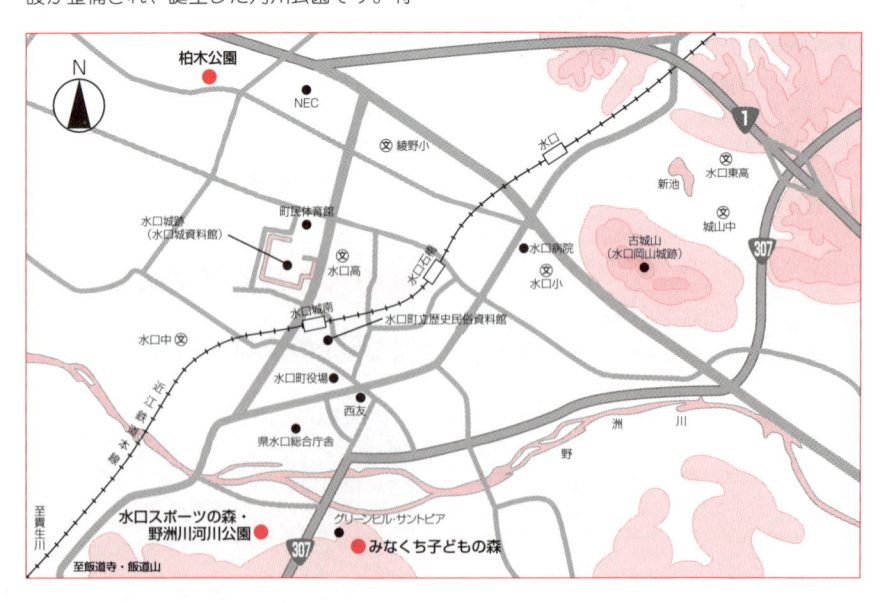

土山町

■**知っ得スポット**

東海道土山宿伝馬館〈土山町北土山1570　TEL.0748-66-2770〉
東海道や土山宿の情報発信の拠点として平成13年にオープンした施設です。原寸大の宿場体験や大名行列の再現コーナーなどがあります。

①土山町スポーツセンター

〒528-0211　土山町大字北土山414-11
TEL.0748-66-0091

　昭和54年に設置された施設で、町のスポーツ施設の中心的役割を果たしています。
●**施設案内**：軽運動室（兼会議室）、更衣室、シャワー室ほか　●**休館日**：年末年始　●**交通案内**：JR草津線「三雲駅」からバス「田村神社前」下車、徒歩約2分

②土山町民体育館

〒528-0211　土山町大字北土山414-2
TEL.0748-66-0091（土山町スポーツセンター）

　昭和44年に開設した施設です。スポーツセンターに隣接し、町のスポーツイベント等で活躍しています。
●**施設案内**：アリーナ2ほか　●**利用料金**：アリーナ（1面）午前￥1,000、午後￥1,500、夜間￥2,000〈町外居住者は記載料金の1.5倍〉　●**休館日**：年末年始　●**交通案内**：JR草津線「三雲駅」からバス「田村神社前」下車、徒歩約2分

③あいの森ふれあい公園・青土ダムエコーバレイ

〒528-0221　土山町大字青土
TEL.0748-66-0316
FAX.0748-66-0378

　野洲川上流の青土ダム湖畔に広がる自然公園です。バンガローやテントサイトなどの宿泊施設の他、林間広場や観光ボート、ダム釣り、グラウンドゴルフ、キャタピラ探検車やバギーなどアウトドアを満喫できる設備が整っています。
●**施設案内**：バンガロー、テントサイト、体験施設（宿泊可能）、野外ステージ（林間広場）、グラウンドゴルフ場、テニスコート2ほか　●**利用料金**：バンガロー1棟（宿泊）￥5000、テントサイト1区画（宿泊）￥3000、野外ステージ（午前・午後・夜間）￥1,000〜￥2,000、シャワー1人1回￥200　●**定休日**：年末年始　●**交通案内**：JR草津線「三雲駅」からバス「土山町役場前」下車

④国民宿舎かもしか荘

〒528-0201　土山町大河原1104
TEL.0748-69-0344
FAX.0748-69-0037

　鈴鹿スカイラインの入り口にあり、山と清流の緑に抱かれた絶好のロケーションです。ゲートボール場、グラウンドゴルフ場がある他、日帰り入浴もできる露天風呂「かもしか温泉」があります。また、名物の川魚料理や山菜料理、冬の「ボタン鍋」も人気です。

●**施設案内**：ゲートボール場2、グラウンドゴルフ場、浴場ほか●**利用料金**：宿泊（1泊2食付、入湯料込み）￥6700～、日帰り入浴一般￥500●**定休日**：無休●**交通案内**：JR草津線「三雲駅」からバス「大河原」下車

⑤黒滝遊漁場（くろたきゆうぎじょう）

〒528-0203　土山町黒滝466
TEL.0748-68-0531
FAX.0748-68-0068（土山漁業協同組合事務所）

　野洲川上流の田村川右岸にあり、5月から10月のシーズン期間中、イワナ・アマゴ・ニジマスの釣りやつかみどりが満喫できます。とれたての魚をその場で焼いて食べられるバーベキュー施設も完備されています。

●**施設案内**：遊漁場、つり池、バーベキュー施設、休憩舎●**利用料金**：入場料￥200、つかみどり￥2,000、釣り池￥1,050／hほか●**定休日**：5月～10月の開場期間中無休●**交通案内**：JR草津線「三雲駅」からバス「黒滝」下車

Topics このイベントに注目！

あいの土山マラソン

　11月の第1日曜日に開催されます。茶畑と紅葉の青土ダム湖畔を駆け抜ける日本陸連公認のコースは参加者にも人気です。マラソンとハーフマラソンの2つに分かれ、体力に応じて選ぶことができます。
〈問〉土山マラソン大会事務局
TEL.0748-66-1101

甲賀町

■知っ得スポット

甲賀もちふるさと館〈甲賀町小佐治2121-1　TEL.0748-88-5841〉
甲賀町は、日本一とも言われる餅米の産地です。館内ではその餅米を使って、シソ、ヨモギ、ゴマ、ミカン、白の五色の長寿もち、かきもちなどが作られています。

①甲賀中央公園

〒520-3435　甲賀町相模124-7
TEL. 0748-88-2190
FAX. 0748-88-3119
URL http://www.koka-soken.or.jp/kanri.htm

　小高い丘陵地に広がるスポーツ公園で、甲賀町のスポーツ活動の拠点となっています。公園体育館、野球場、多目的グラウンド、テニスコート、ゲートボール場等が整備されています。緑を取り入れ、散歩や憩いの場としても最適の空間です。また、遊具等も設置されており、家族連れでも楽しめます。
●**施設案内**：公園体育館（アリーナ、2階観客席120席）、中央公園野球場（両翼86m、センター97m）、中央公園多目的グラウンド（サッカーコート1、ソフトボール2）、テニスコート（クレーコート5、オムニコート3）ほか●**利用料金**：体育館・午前￥2,000、午後￥2,400、夜間￥4,000、照明代￥300／h、野球場・午前￥4,000、午後￥6,000、スコアボード￥500、多目的グラウンド・午前￥2,000、午後￥2,400、テニスコート・クレー1面￥600／h、オムニ1面￥800／h、照明代￥600／hほか●**休園日**：月曜日、年末年始●**交通案内**：JR草津線「甲賀駅」から徒歩約10分

②B&G甲賀海洋センター

〒520-3403　甲賀町鳥居野1037-1
TEL. 0748-88-5887

　甲賀中央公園内にあり、温水プール等の施設が充実しています。幼児、成人、レディース、シルバー等の対象別にスイミング教室のメニューが豊富です。
●**施設案内**：温水25mプール、幼児プール、あわプール、トレーニングルームほか
●**講習会・スポーツ教室**：ジュニア・幼児・シルバー・成人・親子を対象としたスイミング教室、ウォーターリズム教室、レディースフィットネス教室など●**利用料金**：各教室参加料は要問合せ●**休館日**：月曜日●**交通案内**：JR草津線「甲賀駅」から徒歩約10分

③高間みずべ公園

〒520-3413　甲賀町油日字高間地先
TEL. 0748-88-4101（甲賀町役場）
FAX. 0748-88-3104（　〃　）

　青野川の上流、油日岳のふもとにあり、砂防学習を目的に造られました。芝広場ではピクニックやバーベキューが楽しめるほか、テントサイトではキャンプもできます。川の流れを利用したすべり台「なめら滝」は子どもたちに人気です。
●**施設案内**：管理棟、炊事棟、芝広場ほか

●利用料金：デイキャンプ無料、1泊1サイト￥3,000（要予約）●交通案内：JR草津線「甲賀駅」から車で約10分

④大原ダムキャンプ場

〒520-3411　甲賀町神
TEL.0748-88-4101（甲賀町役場）
FAX.0748-88-3104（　〃　）

　大原ダム湖畔に設けられたキャンプ場で、平成10年に全面改修され施設が充実しました。ファミリーやビギナーでも気軽に楽しめるよう、必要なものをレンタルすることができます。
●施設案内：テントサイト（5人用5張）、車椅子トイレほか●利用料金：1泊￥1,000、デイキャンプ￥500ほか（要予約）●休場日：10月〜5月（期間中無休）
●交通案内：JR草津線「甲賀駅」から車で約15分

Topics このイベントに注目！

全日本忍者選手権
　全国からの参加者が忍者装束を身にまとい、手裏剣投げや堀飛び、城壁登り、水ぐもなど、日本一の忍者をめざして技を競い合います。毎年10月上旬に開催されます。
〈問〉甲賀の里 忍術村
TEL.0748-88-5000

ミス女忍者（くノ一）オーディション
　毎年5月3日に開催されるオーディションで、1次審査を通過した10数名が忍者装束で手裏剣投げや水上を歩く「水ぐも」に挑戦し、ミスくノ一が選ばれます。
〈問〉甲賀の里 忍術村
TEL.0748-88-5000

甲賀10時間耐久リレーマラソン
　毎年10月に行われるこのイベントでは、10時間と5時間の2部に分かれ、1チーム10名以内のリレー形式で、時間内の走行距離を競います。
〈問〉甲賀10時間耐久リレーマラソン大会事務局
TEL.0748-88-2190

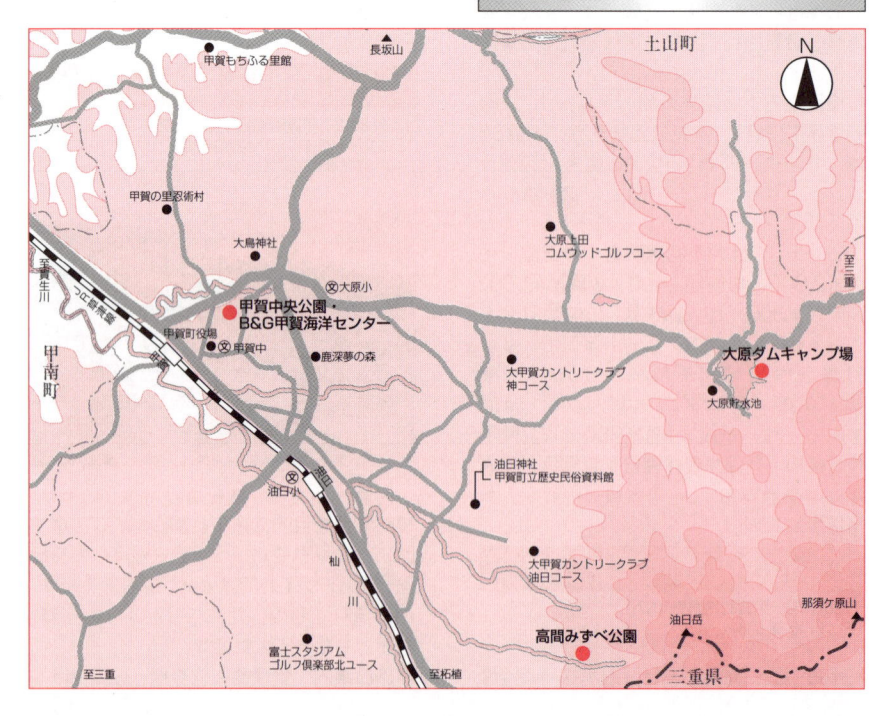

甲南町

■知っ得スポット

甲賀流忍術屋敷〈甲南町竜法師2331　TEL.0748-86-2179〉
元禄年間に築造された甲賀忍者の筆頭格、望月出雲守の邸宅を保存公開しています。屋敷内には通路落とし穴、忍び梯子、回転扉、地下道など侵入者を捕獲するためのカラクリが随所に仕掛けられています。

①甲南中央運動公園
（ハートヘルスパーク甲南）

〒520-3321　甲南町葛木30-11
TEL.0748-86-6971
FAX.0748-86-6984

　町民体育館、町民グラウンド、保健センターの施設一帯を「甲南中央運動公園」とし、甲南町B&G海洋センター、テニスコート、多目的広場など公園を拡張。老人ホーム等、福祉施設の間に芝生のサッカー場を配置するなど、福祉一体型運動公園として、幼児から高齢者までの交流促進をめざしています。
●**施設案内**：町民体育館（アリーナ、会議室）、甲南町B&G海洋センター、テニスコート5（オムニコート・内3面夜間照明有）、多目的広場、芝生グラウンド（夜間照明有）、トレーニングハウスほか●**スポーツ教室・講習会**：トレーニングハウス講習会を毎月1〜2回開催●**利用料金**：アリーナ￥300／h、テニスコート￥400／h、芝生グラウンド￥1,000／h、トレーニングハウス￥200／hほか（町外居住者は記載料金の2倍）●**休館日**：月曜日（祝日の場合は翌日）●**交通案内**：JR草津線「甲南駅」から徒歩約10分

②甲南町B&G海洋センター

〒520-3321　甲南町葛木30-11
TEL.0748-86-6971
FAX.0748-86-6984

　昭和61年に建設された施設で、上屋シート付プールとアリーナ（1F、2F）を備え、町の体育・スポーツ振興の拠点となっています。
●**施設案内**：第1アリーナ、第2アリーナ、プール（一般・幼児用）、会議室●**スポーツ教室・講習会**：エアロビクス教室、水泳教室（夏期のみ）、バドミントン教室、テニス教室などを開催●**利用料金**：第1アリーナ￥300／h、第2アリーナ￥150／h、プール￥100〈町外居住者は記載料金の2倍〉●**交通案内**：JR草津線「甲南駅」から徒歩約10分

③岩尾キャンプ場

〒520-3321　甲南町杉谷3775-736
TEL. 0748-86-6971
FAX. 0748-86-6984

　町内で最も自然豊かな岩尾山麓にあり、山あり池ありの大自然と四季折々の風景を満喫することができます。一帯は県立自然公園に指定されており、開設期間は4月から10月です。
●施設案内：バンガロー、ログハウス、テントサイト、管理棟ほか●利用料金：管理棟￥1,000、バンガロー・ログハウス（1泊）￥500〈町外居住者は記載料金の2倍〉
●定休日：月曜日（祝日の場合は翌日）●
交通案内：JR草津線「甲南駅」から車で約20分

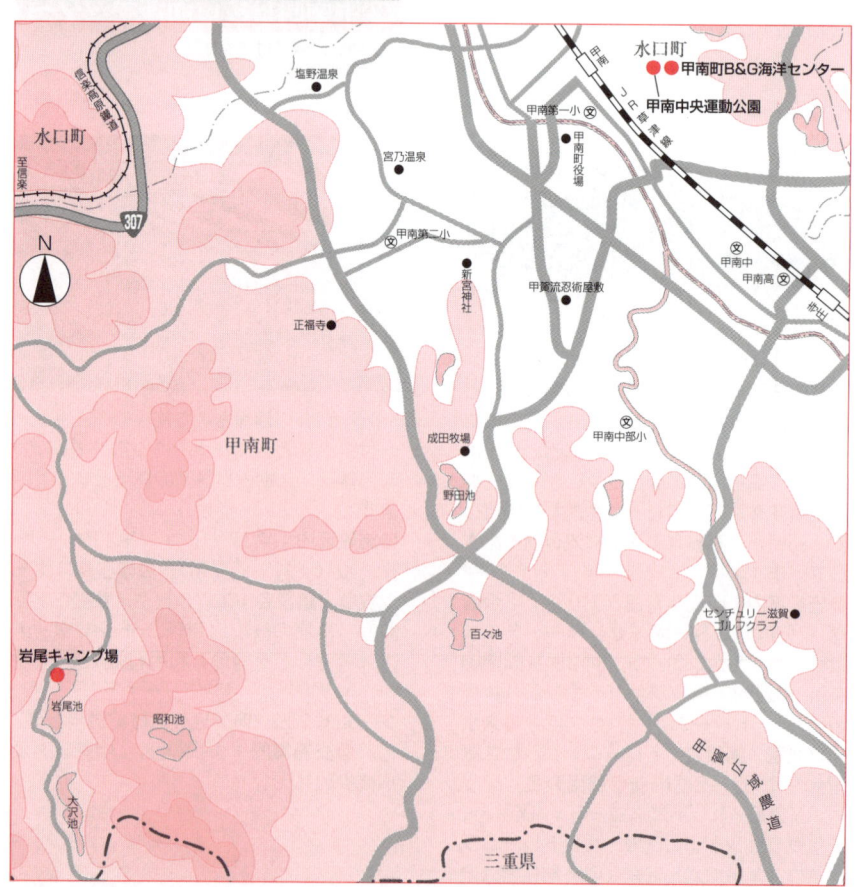

信楽町

■**知っ得スポット**

三筋の滝〈信楽町田代　TEL.0748-82-2345〈信楽町観光協会〉〉
山あいの清流、田代川にあり、東海自然歩道の休憩所が置かれています。滝の流れが3つに分かれていることから、三筋の滝と呼ばれています。

①信楽運動公園

〒529-1831　信楽町西
TEL. 0748-82-8076
FAX. 0748-82-2463

野球場と競技場を主体とした形態の異なる2つの多目的広場を有し、周囲には憩いの広場や展望園地、散策路、ちびっこ広場などが整備されています。また、誰もが効果的に体力の維持・増進を図れる周回ジョギングコース等、老人から子どもまで幅広い層の利用を図る施設が配され、これら施設を有機的に結びつけることで各種イベント等を開催し、信楽町のスポーツ・レクリエーションの拠点となっています。
●**施設案内**：多目的広場2（野球場、競技場）、みどりの広場、ちびっこ広場、周回ジョギングコース、ターゲットバードゴルフコース、ウイング21（屋根付多目的グラウンド）●**利用料金**：野球場、競技場、ウイング21（平日）¥1,000／h、（土日祝日）¥1,500、ナイター照明（全灯）¥1,800ほか〈町外居住者は記載料金の2倍〉●**休園日**：月曜日（祝日の場合は翌日）●**交通案内**：信楽高原鉄道「信楽駅」からバス「立石橋」下車、徒歩約3分

②信楽町民球技場

〒529-1851　信楽町長野317-13
TEL. 0748-82-8076
FAX. 0748-82-2463

昭和43年に設置された施設で、クレーコート3面が整備されています。
また、町内江田には信楽町民テニスコート（人工芝3面、照明設備有）も整備されています。
●**施設案内**：テニスコート3●**利用料金**：（平日・1面）昼間¥1,200／h、夜間¥1,800／h、（土日祝日・1面）昼間¥1,800、夜間¥2,400／h●**休業日**：月曜日（祝日の場合は翌日）

③滋賀勤労身体障害者体育館

〒529-1851　信楽町長野1310
TEL. 0748-82-8076
FAX. 0748-82-2463

勤労者の福祉の増進と、勤労意欲の高揚を図ることを目的に設置された施設です。アリーナは競技ごと、バスケットボール2面、バレーボール2面、バドミントン6面、テニス1面、卓球8台として利用できます。
●**施設案内**：アリーナ、トレーニングルーム、男女更衣室、会議室ほか●**利用料金**：午前¥200、午後¥300〈町外居住者は午前¥300、午後¥400〉、卓球台（1台）午前¥500、午後¥700●**休館日**：月曜日（祝日の翌日）、年末年始●**交通案内**：信楽

高原鉄道「信楽駅」から徒歩約10分
④信楽高原教育キャンプ場

〒529-1812　信楽町神山1948
TEL. 0748-82-8076（期間中のみ）
TEL. 0748-82-1121（信楽町役場社会教育課）

　昭和44年に開設された施設で、7月中旬から8月中旬の開設期間には大勢の青少年団体（10名以上）が訪れます。テントサイト横の大戸川で水遊びができるほか、キャンプ場より展望台を経て鶏鳴の滝に至るハイキングコースがありますが、充分に下見を行ってください。
●施設案内：テントサイトA〜Gほか、キャンプファイヤー場、集会室、シャワー室、トイレ、炊事施設、管理棟ほか●利用料金：無料●交通案内：信楽高原鉄道「信楽駅」から車で約15分

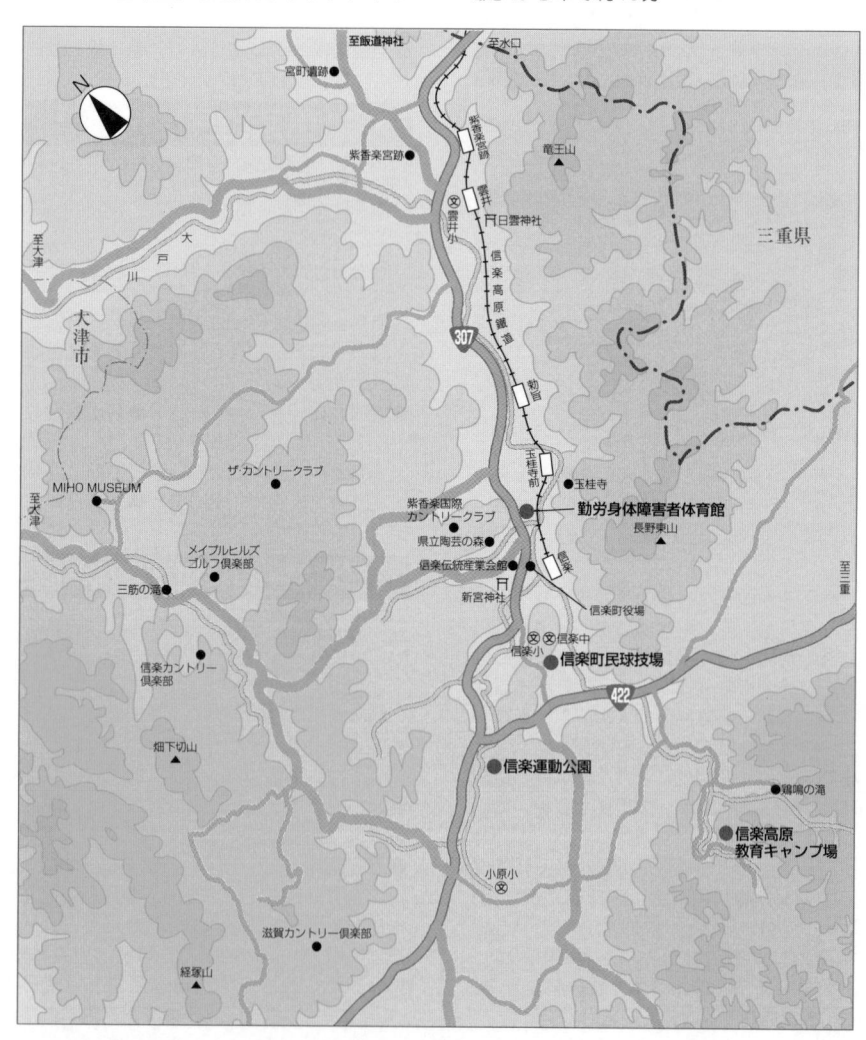

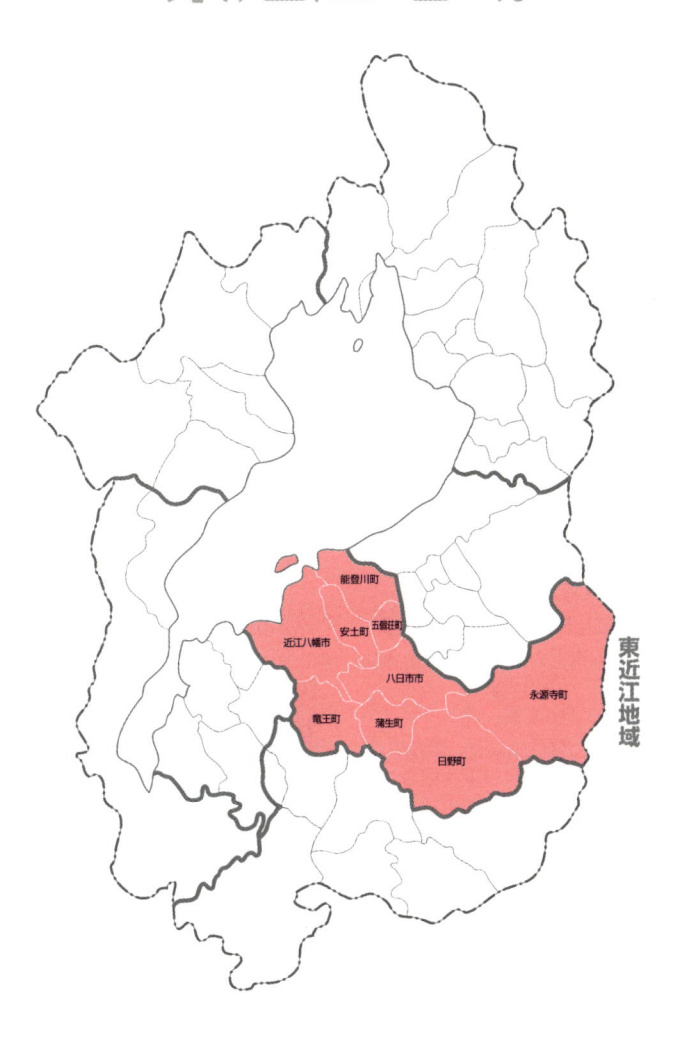

● 東近江地域 ●

能登川町
安土町
五個荘町
近江八幡市
八日市市
永源寺町
竜王町
蒲生町
日野町

東近江地域

近江八幡市

■知っ得スポット

かわらミュージアム 〈近江八幡市多賀町738-2　TEL.0748-33-8567〉
瓦葺きの建物10棟からなるミュージアムで、近江八幡の地場産業である八幡瓦を切り口に、瓦の製造工程のミニチュア模型や、国内外の瓦コレクション等を展示しています。

①近江八幡市立運動公園

〒523-0086　近江八幡市津田町18
TEL.0748-33-6303
FAX.0748-33-3124

　昭和56年に開催されたびわこ国体を記念して開館された施設です。市民のスポーツ意識と競技力向上を目的に、「水郷の里マラソン」「水郷の里ワンデーマーチ」等のイベントを通じて、市内の体育・スポーツ振興の拠点となっています。
●施設案内：野球場、グラウンド、体育館、テニスコート4、グラウンドゴルフ場●スポーツ教室・講習会：テニス・ゴルフ・卓球・スキー教室など●利用料金：野球場（平日）午前￥3,000、午後￥4,000、グラウンド（平日）午前￥2,000、午後￥3,000、体育館（平日）午前￥2,000、午後￥3,000、テニスコート（平日）￥500／2h・照明￥500／hほか〈市外居住者は記載料金の2倍〉●休館日：年末年始●交通案内：JR近江八幡駅からバス「運動公園前」下車、徒歩約5分

②近江八幡市民体育館

〒523-0871　近江八幡市新町3
TEL.0748-32-2300

　市民のスポーツ意識の向上と、健康維持を目的に、昭和50年に設立された施設です。地域住民のスポーツ活動の場として、有効利用されています。
●施設案内：アリーナ、放送設備●利用料金：（平日）午前￥2,000、午後￥3,000、16：30以降￥1,000／hほか〈市外居住者は記載料金の2倍〉●休館日：年末年始●交通案内：JR近江八幡駅からバス「玉木町」下車、徒歩約5分

③サン・ビレッジ近江八幡

〒523-0891　近江八幡市鷹飼町40
TEL.0748-37-0303
FAX.0748-37-0255

　勤労者の福祉の増進を図り、雇用の促進と職業の安定に資することを目的として、また市民の心身の健全な発達、並びに体育スポーツの普及振興を図るために開設され

ました。●施設案内：体育館（アリーナ2、ミーティングルーム）、テニスコート3、弓道場 ●スポーツ教室・講習会：バドミントン・弓道教室など ●利用料金：アリーナ（全面・平日）午前￥4,000、午後￥2,000／2h、夜間￥2,000／h、テニスコート（1面・平日）￥500／2h、弓道場（平日）午前￥2,500、午後￥2,800、夜間￥3,500ほか〈市外居住者は記載料金の2倍。但し、弓道場は別設定〉●休館日：年末年始 ●交通案内：JR近江八幡駅南口から徒歩約7分

④滋賀厚生年金休暇センター
ウェルサンピア滋賀

〒523-0806　近江八幡北之庄町615
TEL. 0748-32-3221
FAX. 0748-32-5972
URL http://www.kjp.or.jp/hp_47/

　広大な敷地内に、ゴルフ練習場、テニスコート、体育館、アスレチックルームなどが整備された総合レジャーゾーンです。夏にはジャンボスライダープールが人気を呼んでいます。宿泊はもちろん、結婚式場（チャペルウェディング）、宴会、研修、合宿等、多目的に利用できます。
●施設案内（スポーツ施設）：テニスコート、ゴルフ場、多目的グラウンド、アスレチック、プール、レンタサイクルほか ●スポーツ教室・イベント：テニススクール、ゴルフスクール、女子ダブルス月例大会など ●利用料金：（宿泊については要問合せ）テニスコート（平日）￥1,500／h、ゴルフ練習場・入場料￥250（球代はプリペイドカード制）、多目的グラウンド（平日）￥600／h、プール￥800（夏期のみ）、レンタサイクル￥300／2hほか ●交通案内：JR「近江八幡駅」からバス「厚生年金休暇センター」下車

Topics このイベントに注目！

伊崎の竿飛び

　毎年8月第1日曜日に行われます。近江八幡市の北端にある伊崎寺の年中行事で、境内の崖から琵琶湖上に突き出た長さ7mの角材から、厄除けと度胸試しを兼ねて、若者らが約8m下の湖面に飛び込みます。見学は自由です。
〈問〉伊崎寺
TEL.0748-32-7828

⑤休暇村近江八幡

〒523-0801　近江八幡市沖島町宮ヶ浜
TEL. 0748-32-3138
FAX. 0748-32-8650
URL http://www.qkamura.or.jp/ohmi/

　琵琶湖国定公園の恵まれた自然環境の中にある、日本の休暇村第1号です。東館、西館の建て物のほか、多目的ホール、テニスコート、プール、キャンプ場、芝生園地などがあります。また、目の前には「日本の水浴場88選」の一つ、宮ヶ浜水泳場が広がります。●**施設案内（レクリエーション施設）**：自然の小径、多目的グラウンド、キャンプ場、湖水浴場、テニスコート、プール（25m・幼児）、内風呂、展望大浴場ほか●**体験教室**：カヌー（カヤック）体験教室、小中学生を対象とした「わんぱくドリームランド」（夏と冬に開催）など●**利用料金**：（宿泊については要問合せ）テントサイト・管理費¥400、サイト使用料¥4,500～、プール（ビジター）¥500、カヌー（カヤック）体験教室¥3,000（7月中旬～8月下旬）ほか●**交通案内**：JR「近江八幡駅」からバス「宮ヶ浜」下車

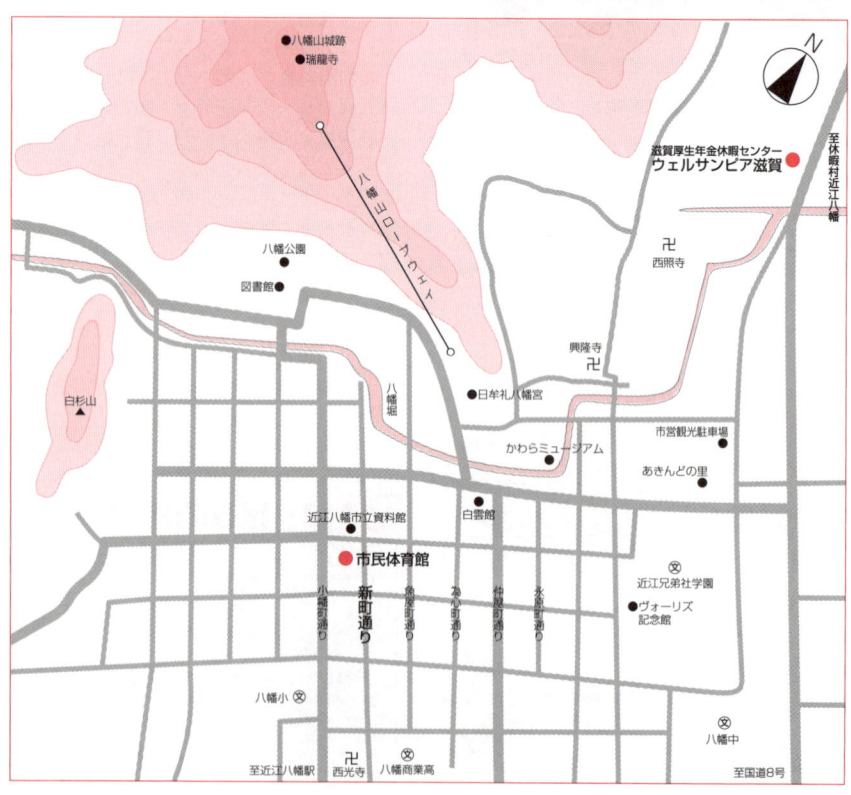

安土町

■**知っ得スポット**

文芸の郷・安土城天主 信長の館〈安土町桑実寺800　TEL.0748-46-6512〉
平成4年に開催されたスペイン・セビリア万博で、日本館のメインの出展として原寸大で復元された安土城天主の5、6階部分が展示されています。豪華絢爛な幻の安土城が蘇ります。

①安土町B&G海洋センター

〒521-1311　安土町下豊浦5428
TEL&FAX.0748-46-4647
TEL.0748-46-2645（問合せ）

　平成8年に完成した安土海洋センターには、1人乗りカヌーや2人乗りカヌー、OP級ヨット、ローボートなどが配備されています。西の湖ふれあいハウスとも隣接し、野外活動の場、またコミュニケーションの場として活用できます。
●**施設案内**：艇庫、更衣室（シャワー完備）、多目的研修室●**スポーツ教室・講習会**：海洋クラブ（小・中学生対象）、カヌー教室など●**利用料金**：￥200／h〈町外居住者は記載料金の2倍〉●**開館期間**：7／20（海の日）～9月第1日曜日●**交通案内**：JR安土駅から車で約5分

②安土町民グラウンド

〒521-1311　安土町下豊裏7426
TEL.0748-46-2645（町教委スポーツ振興室）
FAX.0748-46-3238

　昭和55年の開設以来、テニスコートも整備され、多目的広場として野球、サッカー、ソフトボール、ゲートボールなど、各種野外スポーツ活動の場として活用されています。
●**施設案内**：グラウンド、テニスコート2
●**利用料金**：グラウンド（土日祝）午前￥1,500、午後￥2,000、テニスコート（1面）￥400／h●**休館日**：月曜日（祝日の場合は翌日）、年末年始●**交通案内**：JR安土駅から車で約5分

③文芸の郷グラウンド

〒521-1321　安土町桑実寺563
TEL.0748-46-2645
FAX.0748-46-3238

　平成4年、安土町文芸の郷に多目的グラウンドとして竣工されました。スポーツ行事、ふれあい活動の場として、野球、サッカー、ゲートボールといった屋外スポーツ

の大会や、イベント、レクリエーションなどにも広く利用されています。テニスコートも併設されています。●**施設案内**：グラウンド、テニスコート4、レストラン●**スポーツ教室・講習会**：少年少女スポーツ教室、女性スポーツ教室（各町内者対象）など●**利用料金**：グラウンド・午前￥2,000、午後￥3,000、夜間￥3,000（ナイター別途）、テニスコート（1面）￥500／h（ナイター別途）ほか〈町外居住者は別設定〉●**休館日**：月曜日（祝日の場合は翌日）、年末年始●**交通案内**：JR安土駅から徒歩約25分

④あづちマリエート

〒521-1321　安土町桑実寺773
TEL. 0748-46-2645
FAX. 0748-46-3228
URL http://www.grn.mmtr.or.jp/^bun777/

　平成5年にオープンし、総合体育館と、冷暖房を完備した多目的ホールとしての機能を兼ね備えています。スポーツ、イベント、レクリエーションなど人と文化交流の活動

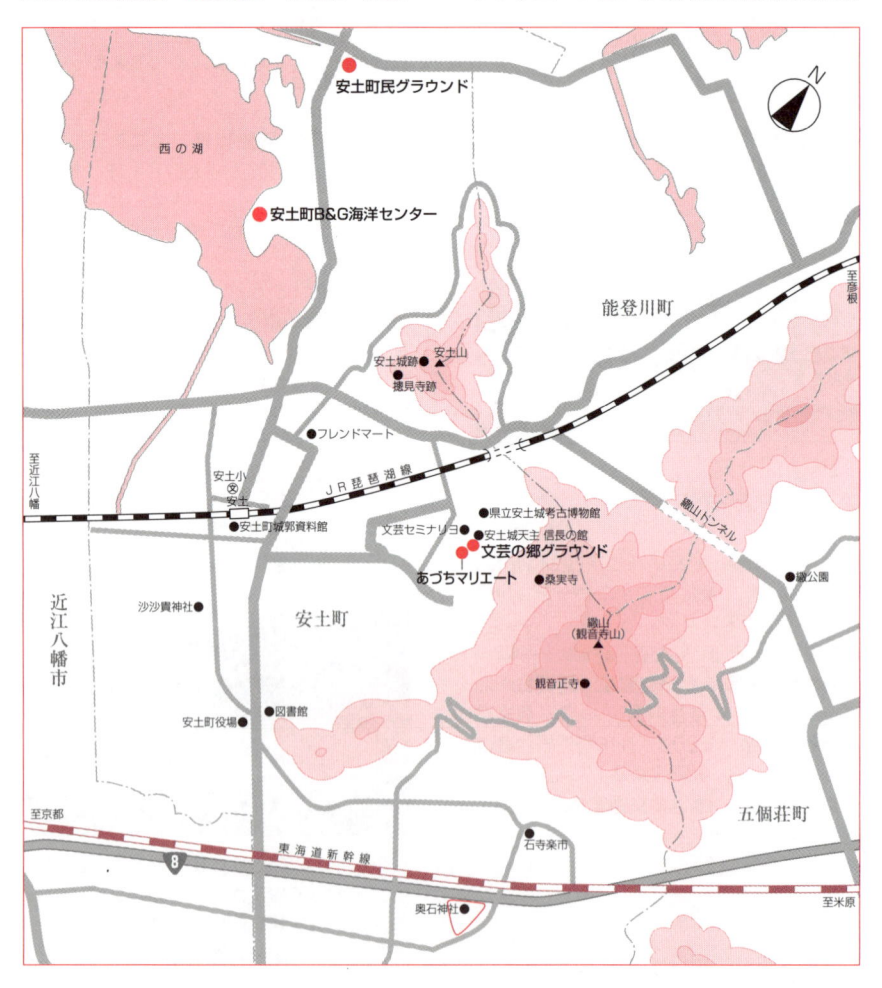

の拠点として、幅広く利用されています。
●施設案内：アリーナ、会議室、ロッカールーム、シャワー室、放送室、ステージ、遊戯室、トレーニングルームほか●スポーツ教室・講習会：少年少女スポーツ教室、女性スポーツ教室、トレーニング講習会（各町内者対象）など●利用料金：アリーナ・午前￥6,300、午後￥8,400、夜間￥10,500ほか●休館日：月曜日（祝日の場合は翌日）、年末年始●交通案内：JR安土駅から徒歩約25分

五個荘町

■知っ得スポット
五個荘町歴史民俗資料館〈五個荘町宮荘681　TEL.0748-48-2602〉
同町出身で、スキー毛糸で知られる豪商、藤井彦四郎の生家でもある旧宅が公開されています。道中合羽や旅笠、天秤棒など、近江商人の商い道具等が展示されています。

①五個荘町民体育館

〒529-1422　五個荘町小幡297
TEL.0748-48-2452
FAX.0748-48-6121

昭和49年に"町民1人1スポーツで、明るく活力ある町づくり"をスローガンに、町民の心身の健全な発達と、明るく豊かな町民生活に寄与することを目的に開設した施設です。
●施設案内：アリーナ、2階観覧席（258名収容）、会議室、ステージ●利用料金：（全面）午前￥4,500、午後￥6,000、夜間￥9,000、終日￥18,000ほか●休館日：月曜日、祝日の翌日、年末年始●交通案内：JR能登川駅から車で約15分または近江鉄道五個荘駅から徒歩約5分

Topics このイベントに注目！

てんびんの里ふれあいウォーク

毎年5月中旬に行われ、近江商人発祥の地として知られる五個荘の歴史と文化に触れながら、健康的にウォーキングを楽しむイベントです。てんびん太鼓の演奏や、お楽しみ抽選会なども行われます。
〈問〉五個荘町生涯学習課体育振興係
TEL.0748-48-2737

②繖公園

〒529-1441　五個荘町川並1204
TEL. 0748-48-4745
FAX. 0748-48-4745

　昭和59年に町制30周年事業として、繖山のほとりを望む地に開園された施設です。周囲は水と緑に囲まれ、体力の増進、人と人とのふれあいの場として親しまれています。
●施設案内：野球場、ソフトボール場、テニスコート2（いずれも夜間照明有）、子ども広場、アスレチック遊具ほか●利用料金：野球場（平日）午前￥3,000、午後￥4,500、夜間￥4,500、ソフトボール場（平日）午前￥2,000、午後￥3,000、夜間￥3,000、テニスコート（平日1面）￥1,000／hほか〈各夜間照明料金別途〉●月曜日、祝日の翌日、年末年始●交通案内：JR能登川駅から車で約10分

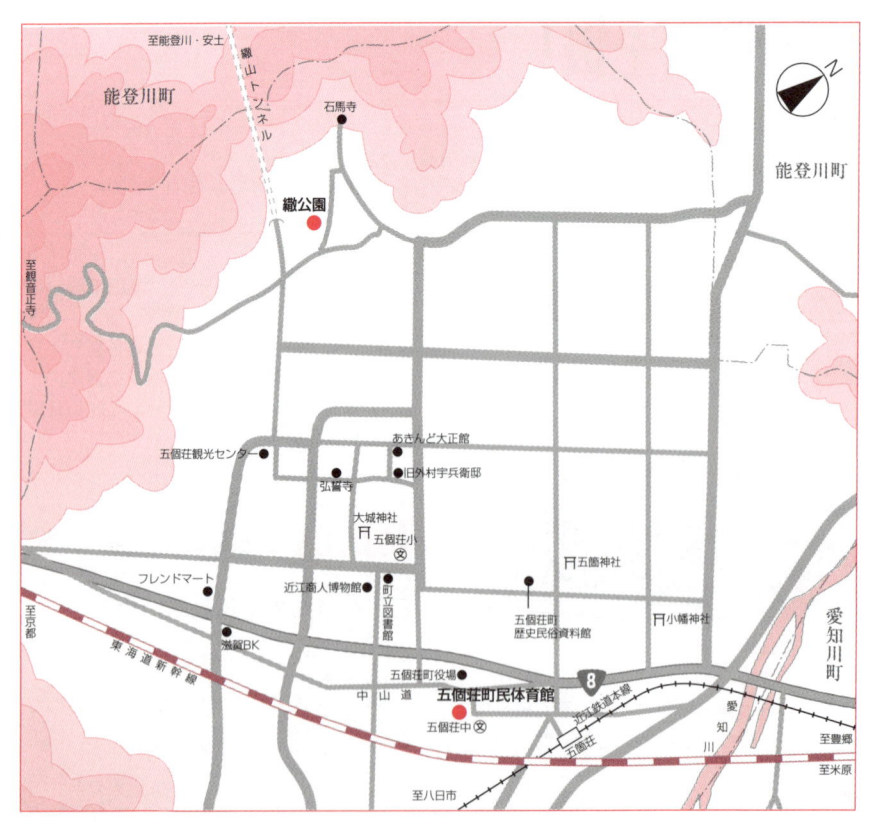

能登川町

■**知っ得スポット**

埋蔵文化財センター（能登川町総合情報文化センター内）〈能登川町山路2225　TEL.0748-42-7007〉
「特別史跡安土城跡」や「大中の湖南遺跡」、「正楽寺遺跡」など、全国的に見ても特筆すべき文化財にいろどられた能登川町。センター内では出土品の展示など、地域財産を広く紹介しています。

①能登川水車とカヌーランド

〒521-1235　能登川町伊庭字道海1269
TEL. 0748-42-3000

　ふるさと創生事業の一環として、平成3年に開設されました。園内には関西一大きな大水車（直径13m）と水車に関する資料館があり、水車による精米作業の実演を見学することができます。
●**施設案内**：水車資料館、カヌー発着場（浮桟橋2基）、芝生広場、大水車（直径13m）、水車（精米実演・直径5m）、小水車3（直径1m）●**スポーツ教室・講習会**：カヌー教室（毎年6月頃1回［2日間］開催）、ドラゴンカヌー大会（年3回）を開催●**利用料金**：無料●**休館日**：月曜日、祝日の翌日、年末年始●**交通案内**：JR「能登川駅」から車で約10分

②能登川町民スポーツセンター

〒521-1225　能登川町山路600
TEL. 0748-42-5099

　昭和56年、びわこ国体が開催されるにあたり、昭和55年に体育館、武道館、グラウンドを擁する町民スポーツセンターが開設されました。
●**施設案内**：体育館、武道館、グラウンド（バックネット、夜間照明設備有）●**利用料金**：体育館、武道館とも¥500／h（照明使用時は1.5倍）、グラウンド・¥500／h（夜間照明¥2,000／h）〈町外居住者は記載料金の1.5倍〉●**休館日**：月曜日、祝日の翌日、年末年始●**交通案内**：JR「能登川駅」から徒歩約20分

③能登川町温水プール

〒521-1221　能登川町垣見50
TEL. 0748-42-6767
FAX. 0748-42-6504

　平成3年、町制施行50周年記念事業の一環として開設されました。25m×10コースの室内プールは日本水泳連盟公認で、セ

ラミック濾過システムを導入し、衛生面も配慮されています。町外居住者の利用も可能です。
●**施設案内**：プール、採暖室、ミーティング室、ギャラリー●**スポーツ教室**：水泳教室など●**利用料金**：プール￥500、ミーティング室￥1,250●**休館日**：月曜日、祝日の翌日、年末年始●**交通案内**：JR「能登川駅」から徒歩約10分

●**施設案内**：ソフトボール場、サッカーグランド、多目的広場（舗装）、親水広場（芝生広場）、パターゴルフ場（18ホール）●**利用料金**：パターゴルフ（1ラウンド）￥200（貸靴・貸クラブ含）、その他は無料●**休園日**：月曜日、祝日の翌日、年末年始●**交通案内**：JR「能登川駅」から車で約15分

④ふれあい運動公園

〒521-1243　能登川町栗見新田1224
TEL. 090-8825-7198
 〃　 090-3822-1967

体育、レクリエーションの普及・新興と、心身の健全な発達を図るとともに、自然とふれあう場として、平成8年に開設された施設です。

⑤やわらぎ郷公園

〒521-1233　能登川町南須田4
TEL. 0748-42-6880

豊かな自然環境の中で、親子や町民相互の語らいとふれあいの場を提供するとともに、広く町民の文化、体育の向上に資することを目的として、平成2年に開設されました。

●施設案内：屋根付多目的広場（ゲートボール4）、テニスコート6、芝生広場、親子広場（遊具有）●利用料金：屋根付多目的広場（1面）￥500／h（照明使用料含）、テニスコート（1面）￥500／h●交通案内：JR「能登川駅」から車で約10分●休園日：月曜日、祝日の翌日、年末年始

⑥びわ湖ヨシ笛ロード

近江八幡市、安土町、能登川町
TEL. 0748-42-9913（能登川町観光協会）
FAX. 0748-42-6125（　〃　）

　琵琶湖東部の1市2町を縫って走る26.2kmの自転車道です。能登川町を出発して伊庭内湖沿いを抜け、安土山、繖（きぬがさ）山を眺めながら安土の町並みを抜けて西の湖を通過するといったように、風光明媚な景色が連続する約3時間のコースになっています。
●利用料金：無料

広告

ビラデスト今津で自然と話をしようよ

山のプチホテル、森の交流館、
テニスコートやピクニックガーデンも充実

私たちの村にようこそ！

別荘感覚で泊まれるフル装備のファミリーロッジ

小鳥のさえずりが目覚まし代わり

VILLAGE D'EST
家族旅行村
ビラデスト今津

〒520-1601　滋賀県高島郡今津町大字深清水2405-1
管理運営　（財）ひばり　URL http://www1.ocn.ne.jp/~hibari
TEL 0740-22-6868
FAX 0740-22-6888

八日市市

■知っ得スポット

世界凧博物館・八日市大凧会館〈八日市市東本町3-5　TEL.0748-23-0081〉
全国的にも有名な八日市の大凧は、江戸時代中期にまで歴史を遡ります。館内には伝統的な100畳大凧（縦13m×横12m）の実物のほか、日本各地、各国の凧が展示されています。

①布引運動公園

〒527-0071　八日市市今堀町581-11
TEL.0748-25-2633
FAX.0748-25-2733

八日市市の体育・スポーツ振興の拠点であり、平成3年に体育館が完成した後、プール、弓道場、ゲートボール場、多目的広場が順次、整備されました。体育館は各種競技の県大会、近畿大会会場として利用されています。
●**施設案内**：体育館（メインアリーナ、サブアリーナ、武道場、トレーニング室）、プール（競泳用・幼児用）、弓道場（近的6人立）、ゲートボール場4、多目的広場●**スポーツ教室**：エアロビクス、リズム体操、幼児教室、水泳教室など●**利用料金**：アリーナ（平日）￥2,000／2h、弓道場（貸切・半日）￥2,800、プール￥500ほか●**休園日**：水曜日、祝日の翌日、年末年始●**交通案内**：近江鉄道「大学前駅」から徒歩約5分

②長山公園

〒527-0062　八日市市上大森町370
TEL.0748-23-6054

昭和56年に開催されたびわこ国体のソフトボール会場として開園されました。現在もアウトドアシーズンには県内外から多くの利用があり、ソフトボール、野球などがプレイされています。
●**施設案内**：グラウンド4、テニスコート2（夜間照明有）●**利用料金**：グラウンド（1面・平日）午前￥1,000、午後￥1,500、夜間￥1,000、テニスコート（1面・平日）午前￥300、午後￥400、夜間￥500、照明使用料別途ほか●**休園日**：水曜日、祝日の翌日、年末年始●**交通案内**：「八日市IC」から車で約5分

③河辺いきものの森

〒527-0003　八日市市建部北町531
TEL.0748-20-5211
FAX.0748-20-5210
URL http://www.bcap.co.jp/ikimono/

愛知川に沿って、コナラ、クヌギなどの落葉広葉樹林を中心に、定期的に人の手が入れられる里山が広がり、自然観察や森林浴、ウォーキングなど、里山の美しい四季を楽しむことができます。森の利用拠点となるネイチャーセンターのほか、地上12mの森の上を歩く林冠（りんかん）トレイルが設けられています。林冠トレイルは国内でも珍しい自然観察施設です。
●**施設案内**：ネイチャーセンター（展示ホール、レクチャールーム、情報コーナーほ

か）、林冠トレイルほか●**講習会**：自然観察会や体験学習会など●**利用料金**：森、ネイチャーセンターへの入場無料●**休館日**：（ネイチャーセンター）未定●**交通案内**：近江鉄道「八日市駅」からバス「滋賀学園前」下車

Topics このイベントに注目！

八日市大凧まつり

　毎年5月の第4日曜日に開催されるこのまつりでは、国の無形民俗文化財に選択されている八日市大凧と数々の凧揚げを中心に、凧にまつわる数多くのイベントが開催されます。当日は会場となる愛知川河川敷まで、近江鉄道「八日市駅」からシャトルバスが運行されます。

〈問〉八日市市観光協会
TEL.0748-24-5662

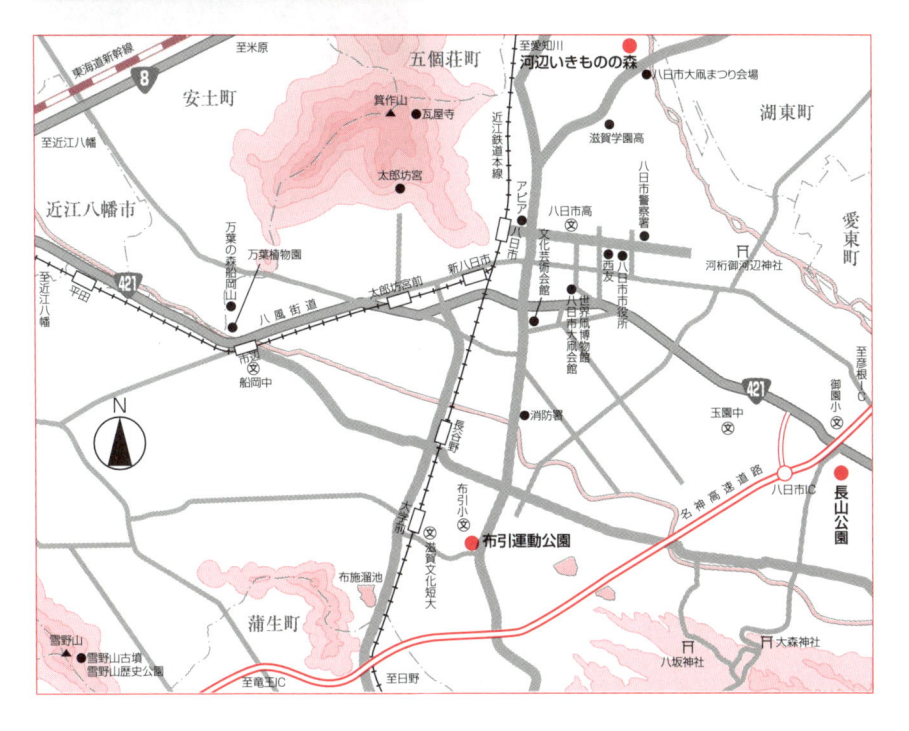

蒲生町

■知っ得スポット

蒲生町あかね古墳公園〈蒲生町川合　TEL.0748-55-4893（蒲生町教育委員会）〉
約1500年前に建造された、滋賀県では最大規模を誇る木村古墳群のうち、天乞山古墳と久保田山古墳を、可能な限り当時の姿に復元した公園です。

①蒲生町総合運動公園

〒529-1535　蒲生町上南50
TEL＆FAX.0748-55-2920

　平成13年度に総合グラウンドがリニューアルされ、ますます利用が高まっています。サッカー場2面がとれる広さです。●施設案内：総合グラウンド（サッカー2面、ソフトボール4面）、テニスコート（ハード2、クレー6）、野球場●利用料金：テニスコート（平日）¥400／2h〈町外は¥1,000／2h〉、グラウンド（平日）¥300／2h〈町外は¥600／2h〉、野球場（平日）¥1,200／2h〈町外は¥2,400／2h〉ほか●休園日：火曜日、年末年始●交通案内：竜王I.Cから車で約10分

②蒲生町民体育館

〒529-1531　蒲生町市子川原679
TEL＆FAX.0748-55-2920

　昭和57年に開館され、以来町民のスポーツ活動の拠点として利用されています。最近ではフットサルコートとして使用できるようにもなりました。
●施設案内：アリーナ、卓球場、会議室、更衣室●利用料金：アリーナ（平日）¥600／2h、（土日祝日）¥1,000／2h、照明料¥500／h〈町外居住者は記載料金の2倍〉●休館日：火曜日、年末年始●交通案内：近江鉄道「桜川駅」から徒歩約10分

③緑の広場　パターゴルフ

〒529-1534　蒲生町鈴1180-3
TEL.0748-55-1403〈緑のひろば〈森の家〉〉

　広大な山林を利用した全長462ヤード、18ホール、パー72のパターコースです。パターとゴルフボールは貸し出しを行っています。大人から子供まで大自然の中で手軽にパターゴルフが楽しめます。
●施設案内：ホール数18、パー数72、事務所●利用料金：個人¥500、団体¥400ほか●休場日：月・木曜日、年末年始●交通案内：竜王I.Cから車で約15分

④ファームトピア蒲生野いきいき農園

〒529-1534　蒲生町鈴1522
TEL.0748-55-4885（蒲生町役場産業課）
FAX.0748-55-1160（　〃　）

　貸し農園を中心に、ぶどうやブルーベリーのもぎとり園などを併設したレクリエーション農園です。山と田園に囲まれた環境の中、オーナー気分で畑仕事や収穫の喜び

を味わえます。
●**施設案内**：貸し農園（小100区画、中8区画、大1区画）、ぶどう園、レスト棟、農具ロッカー棟、トイレ●**イベント**：利用者を対象とした近江牛焼肉パーティー、餅つき・焼き芋大会、パターゴルフ大会、竹の子掘り、収穫祭など●**利用料金**：ぶどう園￥900、小区画（年）￥12,000／1区画、中区画（年）￥20,000／1区画、大区画（年）￥50,000／1区画●**休園日**：年末年始●**交通案内**：竜王I.Cから車で約15分

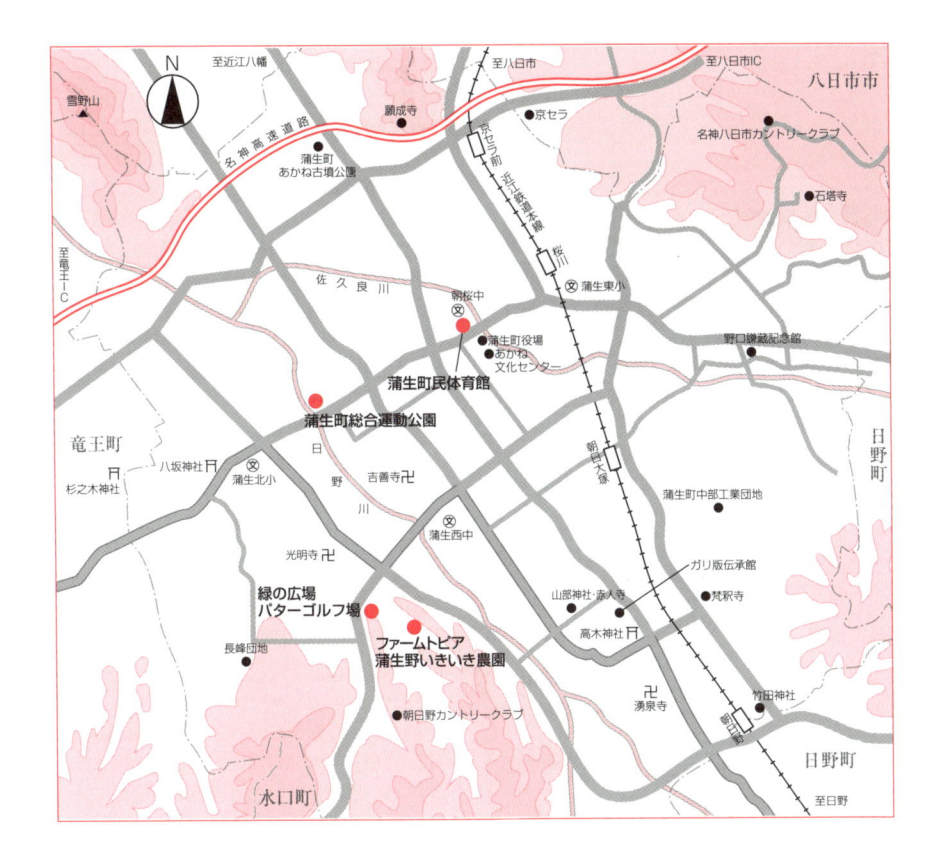

日野町

■知っ得スポット

鎌掛谷ホンシャクナゲ群落〈日野町鎌掛　TEL.0748-52-1211（日野観光協会）〉
鎌掛谷の南側、アカマツ林の間に、ホンシャクナゲ約2万本が群生しています。4月下旬から5月上旬の開花時期は大勢の観光客でにぎわい、近江鉄道「日野駅」から臨時バスが運行されます。

①大谷公園

〒529-1608　日野町大谷341-1
TEL.0748-52-5379
FAX.0748-52-5391

日野住宅工業団地の一角、遠くに鈴鹿国定公園綿向連峰を仰ぐロケーションにあります。昭和54年に野球場が開設された後、体育館、プール、テニスコート、休養広場、スポーツ広場等が順次整備されました。町民のスポーツ、レクリエーション施設として、親しまれています。

●施設案内：体育館（アリーナ、トレーニング室、会議室）、野球場、テニスコート3（夜間照明有）、プール（25m×6コース・幼児用）、スポーツ広場ほか●スポーツ教室・講習会：ヘルスアップ教室（成人）、草の根スポーツリーダー研修会（成人）、わたむきっずスポーツクラブ（小学生）、水泳教室（小学生・成人）など●利用料金：体育館・第1競技場（平日午前・半面）￥2,000、（平日午後・半面）￥2,400、野球場（平日午前）￥2,000、（平日午後）￥2,500、テニスコート（平日1面）￥400／h、照明料￥300／h、プール￥300ほか〈町外居住者は記載料金の2倍〉●休園日：火曜日、年末年始●交通案内：近江鉄道「日野駅」からバス「大谷公園前」下車

②滋賀県畜産技術振興センター

〒529-1651　日野町山本695
TEL.0748-52-1221
FAX.0748-53-2434

約42haの敷地にサイロや家畜小屋が点在し、柵の中に小動物が放されています。ふれあい広場と呼ばれる施設では、ポニー、羊、うさぎなどが放し飼いされ、実際にふれることができます。小学生の自然体験の場として、また家族連れ観光客のレジャースポットとして人気を集めています。

●利用料金：無料●休業日：無休●交通案

内：近江鉄道「日野駅」からバス「畜産技術センター前」下車

③滋賀農業公園「ブルーメの丘」

〒529-1628　日野町西大路864-5
TEL.0748-52-2611
FAX.0748-52-2351

「ブルーメ」とはドイツ語で花を意味し、園内には中世ドイツの街並みや農村をイメージしたさまざまな施設が点在します。ゴーカートやパターゴルフ、ボート池など遊びのエリアも充実しているほか、ソーセージづくりなどの体験教室や、馬、牛、ロバ、羊、ヤギなど動物たちとのふれあいも楽しめます。
●施設案内：各種加工施設、遊びの施設、飲食施設、売店、宿泊施設ほか●利用料金：￥800（冬期割引料金［12月1日～2月末日］￥400）●休園日：無休（12月は水曜日、1・2月は水・木曜日、ただし冬休み期間は営業）●交通案内：近江鉄道「日野駅」からバス「幅野町」下車

④コテージ＆オートキャンプ場「グリム冒険の森」

〒529-1623　日野町熊野431
TEL.0748-53-0809
FAX.0748-53-1552

各コテージには「ハーメルン」など、ドイツのメルヘン街道にちなんだ名前が付けられています。グリム兄弟が生涯をかけて収集した210話に及ぶ童話の展示をはじめ、自然を生かした体験教室や木工教室があり、宿泊でも日帰りでも楽しく過ごせるスポットです。
●施設案内：コテージ（6人用4棟、12人用2棟）、オートキャンプ場20区画、交流促進施設ハーナウ、屋外炊事施設、林間広場、ブレーメンの森ほか●利用料金：コテージ6人用（1泊）￥15,000～、オートキャンプサイト（1区画1泊）￥4,000～（料金はシーズンにより変動）●交通案内：八日市I.Cから車で約30分

Topics このイベントに注目！

グリムMTBフェスティバル

毎年9月頃、「グリム冒険の森」周辺の山野を舞台に繰り広げられるマウンテンバイクのレースです。全国から集まったチーム対抗の耐久レースや、ちびっ子ライダーが活躍するチャイルドサーキットレース等のほか、バーベキュー大会なども催されます。
〈問〉グリムMTB実行委員会（日野町商工会内）
TEL.0748-52-0515

綿向山の日記念 ふれあい綿向山Day

平成8年、綿向山の標高（1,110m）にちなんで、日野町は11月10日を「綿向山の日」に制定しました。この日、登頂すると町発行の「綿向山の日・登山証明書」が貰えるほか、コンサートや特設バザーなどの催しが行われます。
〈問〉ふれあい綿向山Day実行委員会（日野町役場内）
TEL.0748-52-1211

広告

びわ湖のオアシスへようこそ！

WILL BE...

施設利用時間
9:00～17:00
泊り・日帰り自由
4～9月　**18:00迄**

▶パターゴルフ

▲自由広場

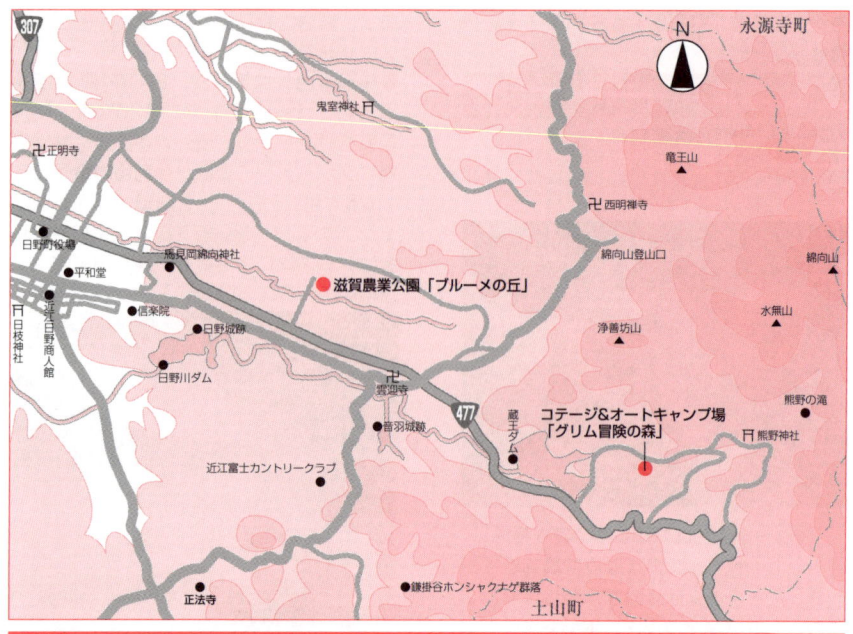

▲テニスコート

ほかにも見どころいっぱい！

5月～6月が見ごろのアヤメ。
アイリスパークでは、原種から新種まで500種、5000株が咲き揃います。

近くの野鳥公園では、バードウォチングもお楽しみいただけます。

ビワコマイアミランド

〒524-0201　滋賀県野洲郡中主町大字吉川字中瀬3326-1　**TEL077-589-4254**

竜王町

■**知っ得スポット**

苗村神社〈竜王町綾戸467　TEL.0748-57-0160〉
近郷33カ村の総社で、社殿の多くが国宝や重文に指定されています。背景の森とあいまって荘厳な雰囲気の楼門をくぐると、趣のある東西社殿が現れます。毎年4月20日の例祭では、御輿と馬渡り渡御が行われます。

①竜王町総合運動公園

〒520-2541　竜王町岡屋3333
TEL. 0748-58-3113（ドラゴンハット）
TEL. 0748-58-3173（ドラゴンスポーツセンター）

　6,700㎡のグラウンドを屋根で覆い、雨天でも利用可能にした「ドラゴンハット」と、体育館、弓道場、プールを併設した「ドラゴンスポーツセンター」が整備され、竜王町のスポーツの拠点として利用されています。
●**施設案内**：屋根付多目的グラウンド、体育館、弓道場、プール、テニスコート、会議室（大・小）、採暖室、食堂●**スポーツ教室・講習会**：テニス教室、弓道教室、水泳教室など●**利用料金**：体育館・午前￥2,400、午後￥2,800、夜間￥2,800〈町外居住者は記載料金の1.5倍〉、弓道場・午前￥350、午後￥400、夜間￥500、プール￥400（夜間17：30〜20：00は￥500）ほか●**休館日**：月曜日（祝日の場合は翌日）●**交通案内**：JR「近江八幡駅」からバス「岡屋北」下車、徒歩約10分

②妹背の里

〒520-2521　竜王町川守5
TEL. 0748-57-1819
FAX. 0748-57-1820

　日野川のゆったりとした流れにのぞみ、歴史ロマンに彩られた雪野山のふもとにある妹背の里は、緑あふれる自然の中で、大人から子どもまで楽しめる、やすらぎとふれあいの場として整備されています。キャンプや散策、歴史探訪など幅広く楽しめる公園です。
●**施設案内**：バンガロー、キャンプ場、芝生広場、妹背の里資料館、多目的集会室、会議室、売店●**イベント・講習会**：自然観察会、歴史講座のほか、春に「さくらまつり」、秋に「観月祭」など●**利用料金**：バンガロー（1泊）8人用￥10,400、6人用￥6,400、持ち込みテントサイト（1区画）￥600、貸しテント（6人用）￥800ほか〈町外居住者は別設定〉●**休園日**：年末年始●**交通案内**：JR「近江八幡駅」からバス「川守」下車、徒歩約15分

③体験交流型農業公園
アグリパーク竜王

〒520-2531　竜王町山之上6526
TEL. 0748-57-1311（管理事務所）
URL http://www.biwa.ne.jp/~aguri-p/

梨・ぶどう・柿・さつま芋掘りなど、収穫の楽しみを味わえる観光農園や、新鮮な野菜と果物、町の特産品が出揃う直売店のほか、ふれあい広場、動物たちとのふれあいスペースがあります。

● **施設案内**：観光農園（イチゴ・さつま芋・ぶどう・梨・柿など）、バーベキューコーナー、農村田園資料館、売店・喫茶アグリちゃんほか ● **利用料金**：（要予約・1人前）観光農園￥1,000～、バーベキューセット（要予約・1人前）￥3,000ほか ● **休園日**：月曜日（祝日の場合は翌日） ● **交通案内**：JR「近江八幡駅」からバス「山之上」下車、徒歩約10分

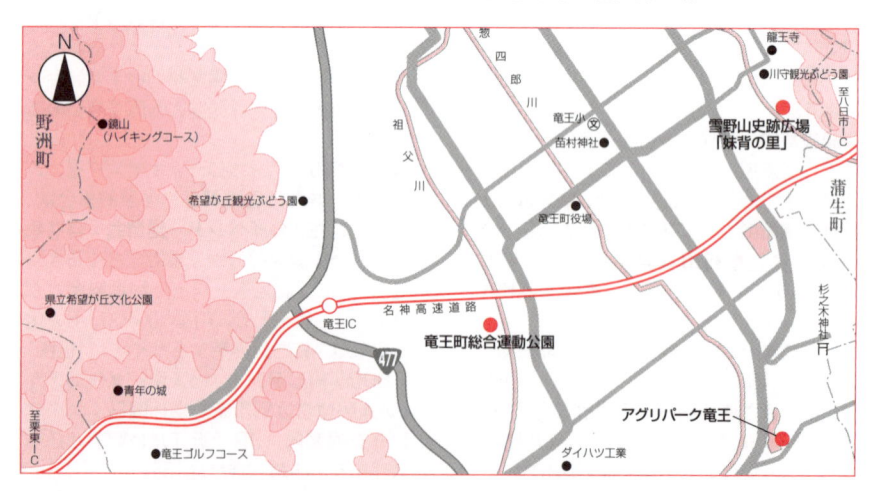

Topics　このイベントに注目！

ドラゴン元旦マラソン

毎年1月1日に開催され、竜王町総合運動公園を発着点に1.5km・3km・5kmのコースに分かれるマラソン大会です。小さな子どもも参加できるファミリー向けのジョギングコースもあります。レース後、豪華賞品が当たるビンゴ大会等も催されます。
〈問〉竜王町教育委員会生涯学習課
TEL. 0748-58-3711

チャレンジデーinりゅうおう

毎年5月の最終水曜日に行われるこのイベントは、人口規模がほぼ同じ市町村間で、午前0時から午後9時までの間に、15分以上継続して運動した住民の参加率を競い合うというもの。メイン会場となる総合運動公園では、さまざまな催し物が開催されます。（町内在住者で15分以上スポーツや運動ができる人なら誰でも参加可能です）
〈問〉竜王町教育委員会生涯学習課
TEL. 0748-58-3711

永源寺町

■知っ得スポット

ヒトミワイナリー〈永源寺町山上2083　TEL.0748-27-1707〉
有機低農薬の自家農園で作った葡萄からできるワインを製造・販売しています。併設施設としてパン工房、日登美美術館があり、優雅なひとときを楽しめます。

①永源寺町民体育館

〒527-0221　永源寺町上二俣44
TEL. 0748-27-1641
TEL. 0748-27-1060（使用申請等）

　昭和61年に町民の健康増進を目的に整備された施設です。町体育協会、地域連合婦人会、町PTA連絡協議会および各自治会のスポーツ大会が催される等、社会体育の拠点施設となっています。

●施設案内：アリーナ（バレーコート2）※バドミントンコート2、バスケットコート1として使用可●利用料金：照明料（バレーコート1面）￥500／h〈町外居住者はコート使用料￥1,000／hと照明料￥800／h〉●休館日：月曜日、年末年始●交通案内：近江鉄道「八日市駅」からバス「山村開発センター」下車

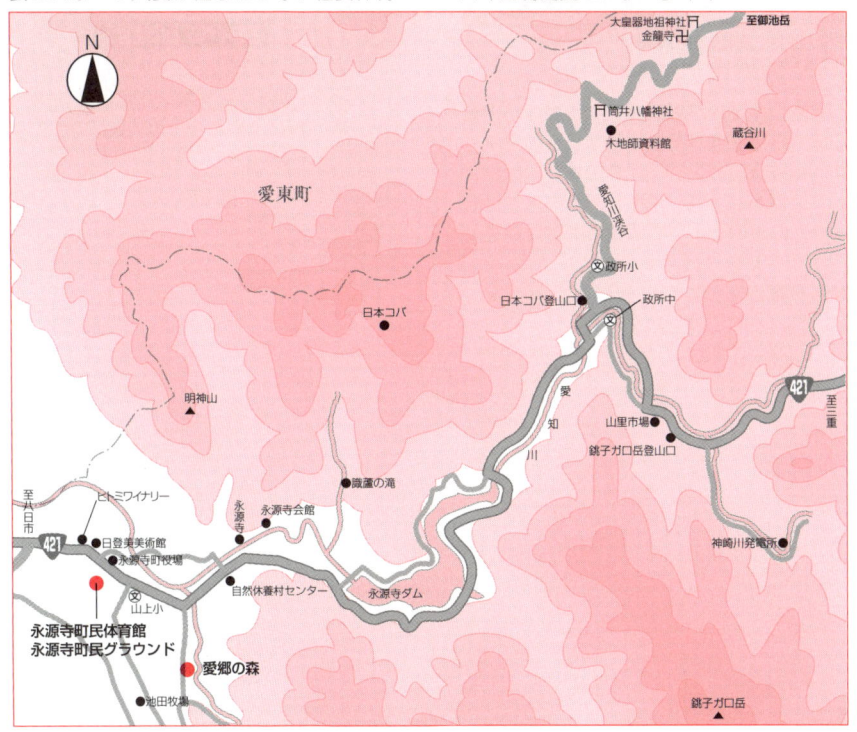

②永源寺町民グラウンド

〒527-0221　永源寺町上二俣49-1
TEL.0748-27-1060

　昭和57年に町民の昼外スポーツの活動拠点施設として整備されました。鈴鹿の山々や周辺の田園風景と景観を合わせるため緑も多く、地域住民の憩いの場にもなっています。
●**施設案内**：多目的グラウンド（150m×100m）、夜間照明有（6月～10月）●**利用料金**：野球用照明料￥2,000／h、ソフトボール用照明料￥1,500／h〈町外居住者はグラウンド使用料（半面）￥1,000／h、野球用照明料￥3,000／h、ソフトボール用照明料￥2,300／h〉●**休場日**：月曜日、年末年始●**交通案内**：近江鉄道「八日市駅」からバス「山村開発センター」下車

③愛郷の森

〒527-0213　永源寺町和南1563
TEL＆FAX.0748-27-2009

　町営のキャンプ場施設で、永源寺町の豊かな大自然を満喫できるやすらぎの場所です。体験交流センター「森の家」にはレストランがあり、バーベキューハウスが併設されているほか、林間広場には遊具が備えられています。
●**施設案内**：バンガロー11棟、キャンプ場18区画、炊事棟、森の家（体験交流センター）、森の体験小屋、林間遊具ほか●**利用料金**：バンガロー（1棟・1泊）￥1,2000～、キャンプ場テントサイト（1区画・1泊）￥2,000～●**休業日**：水曜日（夏休み期間中は無休）、年末年始●**交通案内**：近江鉄道「八日市駅」からバス「山上口」下車

Topics このイベントに注目！

フィッシングフェスティバルin愛知川
愛知川渓谷を会場に、毎年10月第2日曜日に開催されます。ニジマス500キロが放流され、参加者はルアー釣り（えさ釣り禁止）で、釣った魚の大きさにより腕を競います。
〈問〉永源寺町観光協会
TEL.0748-27-0444

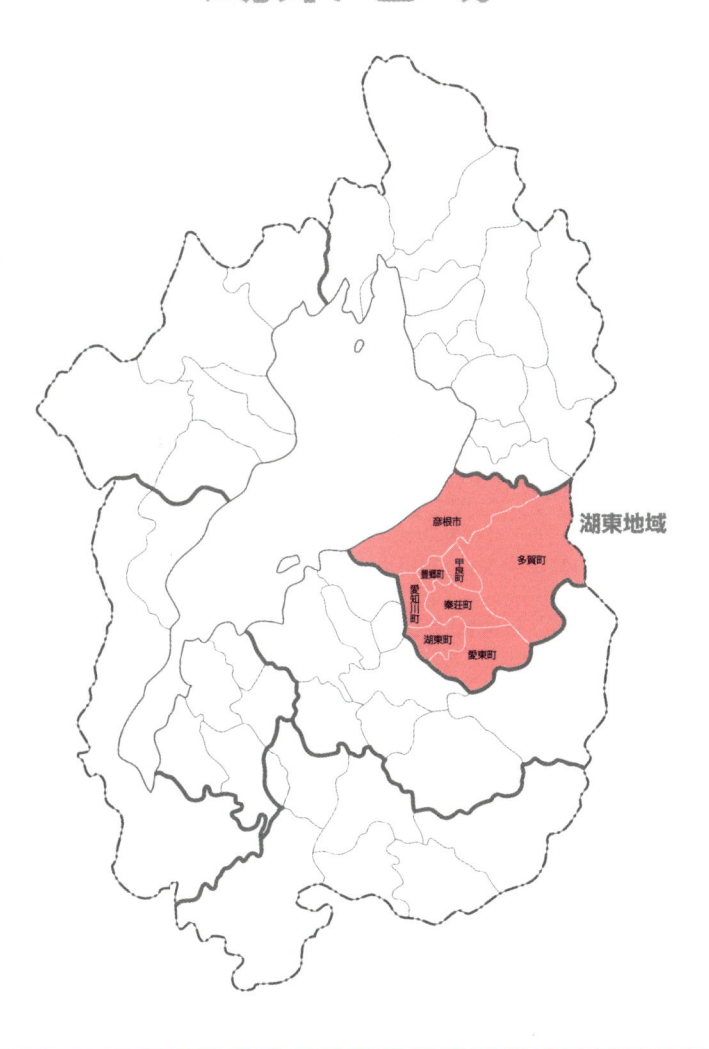

● 湖東地域 ●

彦根市
多賀町
豊郷町
甲良町
秦荘町
愛知川町
湖東町
愛東町

湖東地域

彦根市

■知っ得スポット

夢京橋キャッスルロード〈彦根市本町1丁目、2丁目　TEL.0749-23-0001（彦根観光協会）〉
彦根城中濠に架かる京橋から南西へ伸びる約350mの通りが、「OLD&NEWTOWN」をテーマに町屋風建物に統一され、喫茶店や土産物店等が並ぶ観光名所として人気を集めています。

①滋賀県立彦根総合運動場

〒522-0002　彦根市松原町3028
TEL.0749-23-4911
FAX.0749-26-3103
URL http://www.biwa.ne.jp/~hikosogo/

　県民の心身の健全な発達と、スポーツの振興を図る目的で昭和14年に開設され、昭和56年のびわこ国体夏季大会ではメイン会場となりました。現在は滋賀県のスポーツの競技力向上と、県民の健康・体力つくり、生涯スポーツの拠点として、多くの方々に利用されています。
●施設案内：スイミングセンター（屋外公認競泳50mプール、スタンド410名収容、屋内公認競泳25mプール、公認飛込プール）、陸上競技場（2種公認全天候400m×8レーン、メインスタンド1,100名収容、サブスタンド4,900名収容）、野球場（両翼99m・中堅122m、夜間照明設備、内野スタンド6,000名収容、外野スタンド4,000名収容）、庭球場（砂入人工芝12、夜間照明設備、スタンド500名収容）、多目的運動広場、スポーツ会館（77名収容宿泊所）●スポーツ教室：ヘルシーアクアビクス、飛び込み教室、水中健康運動教室、親子テニス教室、リフレッシュナイターテニス、ジュニア陸上教室、グラウンドゴルフ大会など多種●利用料金（個人）：陸上競技場（1日）¥360、スイミングセンター・（6～9月・1回）¥460、（10～5月・1回）¥620、庭球場（1面）午前¥1,030／2h、午後¥1,550／2h、夜間¥2,070／2h、スポーツ会館・宿泊¥1,450ほか〈県外居住者は記載料金の1.5倍〉●休館日：月曜日（祝日の場合は翌日）、年末年始●交通案内：JR「彦根駅」から徒歩約20分

②彦根市民体育センター

〒522-0002　彦根市松原町3751-7
TEL.0749-23-2293
FAX.0749-23-2294

　昭和55年に開館したスポーツ施設です。市民のスポーツ活動の拠点として、バドミントン、バレーボール、卓球、ハンドボールなど様々な競技に利用されています。また、各種スポーツ教室やフットサル愛好者のつどいなど、市民各層が気軽に参加できる催しを自主事業として展開しています。

●**施設案内**：第1競技場、第2競技場、トレーニング室、会議室3、更衣室、シャワー室ほか●**講習会・スポーツ教室**：チビッコ体操教室、親子体操教室、ジュニアスポーツ教室、エアロビクス教室、シニア健康体操教室、レディースバレーボール愛好者のつどい、フットサル愛好者のつどいなど
●**利用料金**：第1競技場・午前￥6,300、午後、夜間￥7,600、第2競技場・午前￥2,100、午後、夜間￥3,200、トレーニング室・午前￥800、午後、夜間￥1,100ほか〈市外居住者は記載料金の1.5倍〉※平成14年7月からの料金・要問合せ●**休館日**：火曜日、祝日の翌日、年末年始●**交通案内**：JR「彦根駅」から徒歩約15分

③彦根市武道場

〒522-0081　彦根市京町2丁目1-6
TEL. 0749-26-2815
FAX. 0749-22-8871（彦根市教育委員会事務局保健体育課）

　昭和60年に設置された施設です。柔道場1面と剣道場1面がフロアに設置され、現在、彦根市剣道連盟・滋賀県柔道連盟彦根支部・彦根市銃剣道連盟・彦根市空手道連盟・彦根市弓道連盟・彦根市なぎなた連盟・彦根市少林寺拳法連盟・合気道彦根連盟・彦根中央太極拳クラブ等の拠点として利用されています。
●**施設案内**：柔道場1、剣道場1、更衣室など●**利用料金**：未定（彦根市体育協会加盟の武道団体対象・要問合せ）●**休館日**：年末年始●**交通案内**：JR「彦根駅」から徒歩約10分

④県立荒神山少年自然の家

〒520-0047　彦根市日夏町宮前4794
TEL. 0749-28-1871
FAX. 0749-28-1872
URL http://www.longlife.pref.shiga.jp/

　美しい緑、清らかな光、澄んだ空気の中で、野外活動や宿泊をともにしながら青少年の健全育成に寄与する社会教育施設です。キャンプ場の改修、プロジェクト・アドベンチャーコースの新設により、施設が充実しました。
●**施設案内**：宿泊施設（定員168名／洋室10、和室4）、医務室、食堂、集会室、学

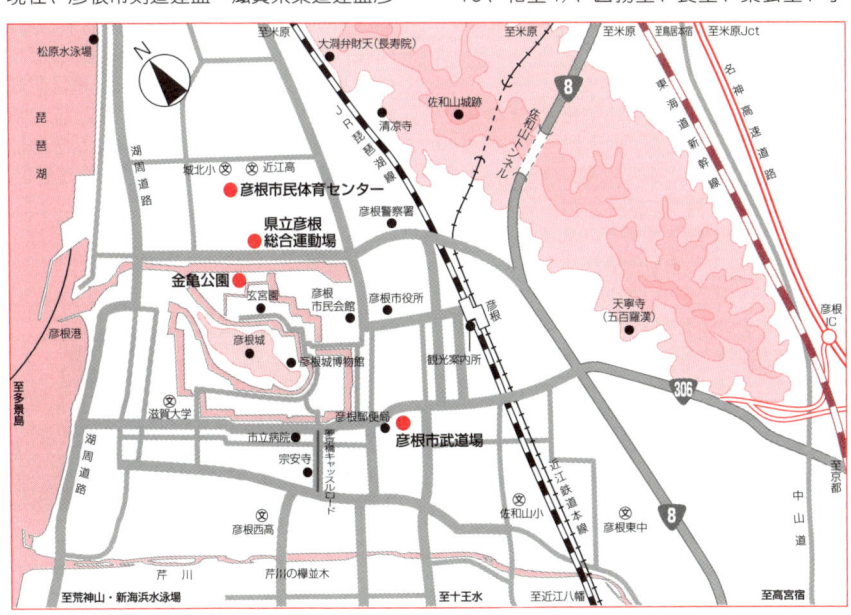

習室、浴室（男女別）2、クラフト棟、つどいの広場兼ファイヤー場、キャンプ場（炊飯棟、炊事棟有）、ウォークラリーコース、マウンテンゴルフコース、プロジェクト・アドベンチャーコース、リバーボート20艇ほか●利用料金：宿泊料および使用料無料（但し、リネン費￥163負担※館内泊、キャンプ場泊とも）●休館日：月曜日、年末年始、そのほか臨時休館日有●交通案内：JR「河瀬駅」から徒歩約40分、車で約10分

⑤彦根市金亀（こんき）公園

〒522-0061　彦根市金亀町三ノ丸3030-1
TEL＆FAX.0749-23-5950

　金亀公園は国宝彦根城に隣接し、日本の公園100選の一つに選ばれており、市民の憩いの場となっています。運動施設は昭和51年に野球場を開設。以降、テニスコート、多目的競技場が順次整備されました。●施設案内：野球場、多目的競技場、テニスコート（砂入人工芝）6、野外ステージ、わんぱく広場ほか●利用料金：野球場・早朝￥800、午前￥2,800、午後￥3,700、前夜￥1,500、後夜￥1,500、照明料￥1,400／30分、テニスコート（1面）早朝、午前￥450、午後￥950、夜￥650、照明料￥150／30分、多目的競技場・早朝￥700、午前￥2,700、午後￥3,600、前夜￥1,400、後夜￥1,400、照明料￥800／30分ほか〈市外居住者は記載料金の1.5倍〉※平成14年7月からの料金・要問合せ●休園日：年末

年始、その他●交通案内：JR「彦根駅」から徒歩約15分

⑥荒神山公園運動施設

〒522-0047　彦根市日夏町4769
TEL＆FAX.0749-25-1599

　荒神山のふもとに位置し、緑の中、気持ち良くスポーツに親しめる環境です。テニスコートは平成4年に、野球場は平成10年に開設されました。
●施設案内：野球場、テニスコート5、多目的広場、巨大遊具・大砂場ほか●利用料金：野球場・早朝￥1,100、午前￥4,000、午後￥5,400、前夜￥2,100、テニスコート（1面）早朝、午前（前・後）￥300、午後（前・後）￥600、前夜￥400、グラウンドゴルフ場￥300〈市外居住者は記載料金の1.5倍〉※平成14年7月からの料金・要問合せ●休園日：年末年始、その他●交通案内：JR「河瀬駅」から徒歩約40分、車で約10分

⑦庄堺公園（バラ公園）

〒522-0056　彦根市開出今町地先
TEL.0749-22-1411（彦根市都市計画課）
FAX.0749-24-8517（　〃　）

　住居地域に隣接する4.2ｈａの公園で、市の総合福祉ゾーンの基幹施設として整備されました。バラ園は5月～11月にかけて1,200本のバラが順次開花し、はなしょうぶ園は5月から6月にかけて1,800株あまりが一度に開花します。1年を通じ美しい花が観賞でき、子どもから高齢者まで各世代交流の場として人気を呼んでいます。

●**施設案内**：バラ園、はなしょうぶ園、多目的広場、遊具広場●**講習会**：バラづくりボランティアが活動中●**利用料金**：無料●**休園日**：無休●**交通案内**：JR「彦根駅」または「南彦根駅」からバス「老人ホーム前」下車、徒歩約5分

Topics このイベントに注目！

鳥人間コンテスト

　毎年7月の最終金・土曜日に松原水泳場で行われます。砂浜に仮設されたプラットホームから、手作りの飛行機やグライダーなどの機体が湖上に飛び立ち、飛行距離を競います。毎年全国各地から参加があり、今や全国にその名を知られる夏の風物詩となっています。
〈問〉彦根観光協会
TEL.0749-23-0001

彦根シティマラソン

　毎年11月中旬の日曜日に開催されます。琵琶湖の秋風をうけ、彦根城を眺めながら走るコースが人気を呼び、近年では約2千人の参加者があります。にのぼります。3km、5km、10kmの3コースに分かれ、年齢別部門、親子ペア部門、車いす部門など計13部門が実施されます。
〈問〉彦根シティマラソン実行委員会
TEL.0749-22-8871

多賀町

■知っ得スポット

あけぼのパーク多賀〈多賀町四手976-2　TEL.0749-48-2077〉
図書館、博物館、公園からなる複合文化施設です。博物館「多賀の自然と文化の館」では、町内で発見されたアケボノゾウの全身骨格化石をもとに作られた復元模型などが展示されています。

①多賀町B&G海洋センター

〒522-0341　多賀町多賀245-2
TEL.0749-48-1625
FAX.0749-48-1884

スポーツ（海洋、陸上）等の活動を通じ、地域住民の健康増進と体力向上を図り、心のふれあいの場として豊かな人間性を養うため、B&G財団の協力を得て建設された施設です。町民グラウンドと町民テニスコートを併設しています。

●**施設案内**：海洋センター（体育館、トレーニングルーム、屋内多目的運動広場、プール、艇庫ほか）、町民グラウンド（照明設備有）、町民テニスコート（ハードコート1、砂コート4、照明設備有）●**スポーツ教室・講習会**：海洋センターでは、健美操教室、水中ウォーキング教室、アクアビクス教室など。町民テニスコートではテニス教室など。●**利用料金**：体育館・午前・午後￥100、夜間￥150ほか〈町外居住者は記載料金の1.5倍〉、町民グラウンド・午前￥1,500、午後￥2,000、夜間￥2,000、照明料￥1,250／30分、町民テニスコート・￥400／h、照明料￥150／30分〈町外居住者は記載料金の1.5倍〉●**休館日**：月曜日、祝日の翌日、お盆、年末年始●**交通案内**：JR「彦根駅」からバス「多賀町役場前」下車、徒歩約10分

②多賀勤労者体育センター

〒522-0341　多賀町多賀1330
TEL.0749-48-1115

昭和55年に開設された施設です。近江鉄道「多賀駅」から徒歩3分の場所にあり、比較的便利です。

●**施設案内**：アリーナ、卓球室、男女更衣室、事務室●**利用料金**：アリーナ（半面）午前￥1,000、午後￥1,500、夜間￥2,000、卓球室（1台）午前、午後￥300、夜間￥500●**休館日**：月・火曜日、祝日の翌日●**交通案内**：近江鉄道「多賀駅」から徒歩約3分

③滝の宮スポーツ公園

〒522-0337　多賀町富之尾1586-5
TEL.0749-47-1325

犬上川の清流を背景に、多目的スポーツ公園として平成7年に誕生しました。アリーナ、グラウンド、テニスコート、プールが設置されています。また、施設の裏側に

は犬上川沿いにカラー舗装の遊歩道が整備され、大滝神社まで続いています。
●施設案内：アリーナ、グラウンド（90m×90m）、テニスコート2、プール（25m×6コース、幼児用）●利用料金：アリーナ（個人）・午前￥100、午後￥100、夜間￥150、グラウンド・早朝￥500、午前￥1,000、午後￥1,500、テニスコート（1面）￥400／h、プール￥200〈町外居住者は記載料金の1.5倍〉●休館日：月曜日、祝日の翌日●交通案内：国道307号「金屋北」信号を東へ約2.5km

④高取山ふれあい公園

〒522-0335　多賀町藤瀬1090
TEL. 0749-49-0635
FAX. 0749-49-0637
URL http://www.tagatown.jp/takatori/

　高取山の自然を丸ごと利用した複合型アウトドア体験施設です。バンガローやキャンプ場、バーベキュー施設、アスレチックコース、ハイキングコース、炭焼き窯、陶芸窯などの各種設備を利用して、「自然をぶる…自然を学ぶ・自然を遊ぶ・自然を感じる」をテーマに様々な体験ができます。
●施設案内：オートキャンプ場、キャンプ場、バンガロー、バーベキュー施設、林間広場・アスレチック、森のステージ、森林体験交流センター、炊事施設、芝広場、森のかまどほか●イベント：たかとり桜まつり（4月）、たかとりふれあいまつり（6月）、たかとり夏祭り（8月）、森の運動会（11月）など〈いずれも当日入園料無料〉●利用料金：入園料￥200、オートキャンプ場（1区画1泊）￥3,000、キャンプ場（テント持込・1張1泊）￥1,000、テント貸出（1張1泊）￥2,000ほか、バンガロー（4人用）￥4,000、（6人用）￥6,000、（10人用）￥10,000、宿泊料金（1人）￥2,000ほか
●休園日：火曜日（夏休み期間中は無休）
●交通案内：彦根I.Cから車で約25分、八日市I.Cから車で約35分

⑤多賀釣り池

〒522-0341　多賀町多賀24-2
TEL. 0749-48-1151

　小型のダムを利用した管理釣り場で、早朝から夕方まで営業しています。岸に設置された桟橋からコイ、フナ、ヘラブナ釣りが楽しめます。
●利用料金：半日￥850●休業日：無休●交通案内：JR「彦根駅」からバス「ダイニック」下車

⑥河内の風穴

〒522-0301　多賀町河内

　霊仙山塊カルスト地帯にある鍾乳洞風穴です。総延長約3,300mで、関西で最も長い鍾乳洞として知られています。観光用の電灯やハシゴはついていますが、岩肌の道が続き、スリルは満点です。
●料金：￥300●休業日：雨天休業●交通案内：彦根I.Cから車で約20分

地図

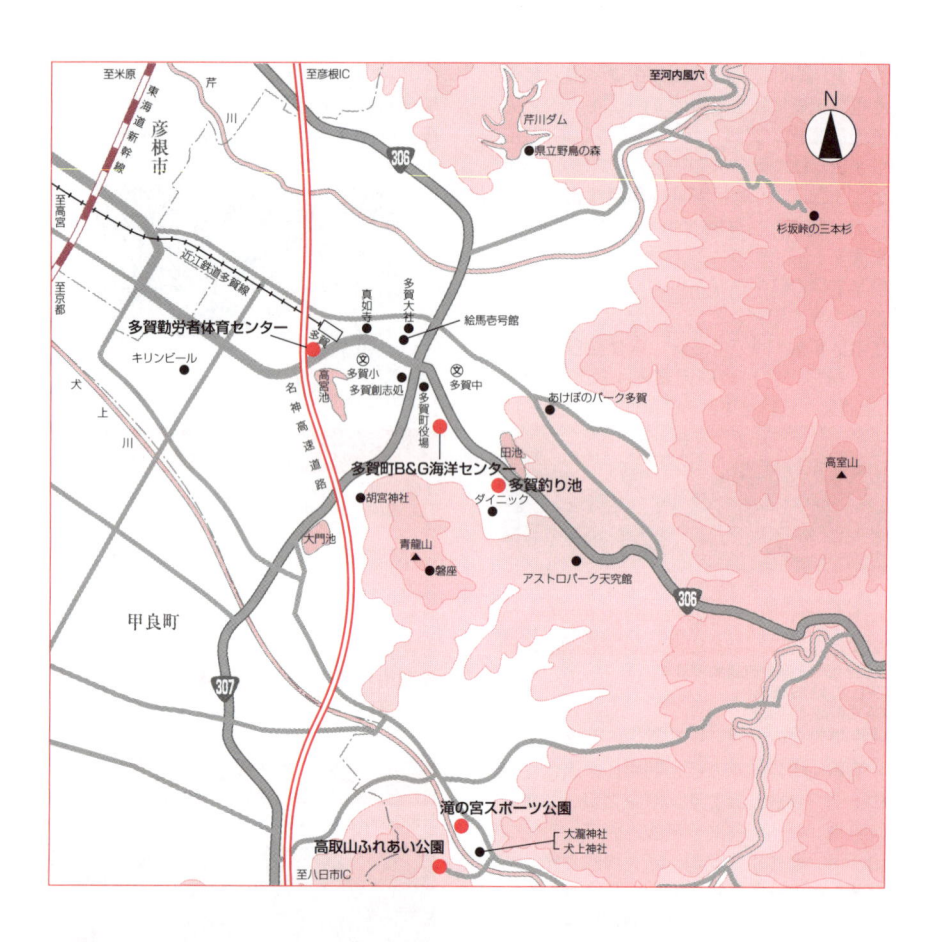

- 至米原
- 至彦根IC
- 至河内風穴
- 東海道新幹線
- 彦根市
- 芹川
- 芹川ダム
- 県立野鳥の森
- 至高宮
- 杉坂峠の三本杉
- 306
- 至京都
- 近江鉄道多賀線
- 真如寺
- 多賀大杜
- 絵馬壱号館
- 多賀勤労者体育センター
- キリンビール
- 多賀小
- 多賀中
- 多賀創志処
- あけぼのパーク多賀
- 犬上川
- 高宮池
- 多賀町役場
- 名神高速道路
- 田池
- 多賀町B&G海洋センター
- 多賀釣り池
- 高室山
- 大門池
- 胡宮神社
- ダイニック
- 青龍山
- 磐座
- アストロパーク天究館
- 甲良町
- 306
- 307
- 滝の宮スポーツ公園
- 大瀧神社
- 犬上神社
- 高取山ふれあい公園
- 至八日市IC

広告

道の駅あいとう マーガレットステーション

INFORMATION

周辺5千坪のお花畑には、季節ごとの花がいっぱい。
ゴールデンウイーク時の菜の花は、まさに黄色のジュータン。必見！

いちご狩り園
（30分食べ放題
5月末まで）

Marguerite Land 愛東

レンタサイクル
風といっしょに
Let's go!

癒しの植物温室
「愛東いきいき元気館」
ハイドロカルチャー・ハーブ
寄せ植え教室なども開催

〒527-0162　滋賀県愛知郡愛東町妹184-1
TEL 0749-46-1110　FAX 0749-46-1150
URL http://www.biwa.ne.jp/~ams/

豊郷町

■知っ得スポット

先人を偲ぶ館〈豊郷町四十九院815　TEL.0749-35-2484〉
豊郷に生まれ全国で活躍した偉大な先人8人（伊藤忠兵衛、古川鉄治郎など）の生い立ちや、成功への道程を紹介する資料館です。

①豊郷スポーツ公園

〒529-1174　豊郷町下枝147
TEL.0749-35-2550
FAX.0749-35-2930

　昭和62年に県および雇用促進事業団からの補助を受け、開設された施設です。町内勤労者はもとより、広く町民に開放し、スポーツを通じて町民相互の心の交流と、健康づくりを目的とする生涯スポーツの拠点として利用されています。
●**施設案内**：多目的運動場（夜間照明有）、テニスコート3（夜間照明有）、ゲートボールコート2ほか●**スポーツ教室・講習会**：サタデー・スポーツクラブ、体育協会各種団体主催の教室など●**利用料金**：多目的運動場・昼間￥300／30分、夜間￥2,300／30分、テニスコート・昼間￥400／30分、夜間￥700／30分●**休園日**：月曜日、第3日曜日、祝祭日●**交通案内**：近江鉄道「豊郷駅」から徒歩約20分

②豊郷勤労者体育センター

〒529-1174　豊郷町下枝147
TEL.0749-35-2550
FAX.0749-35-2930

　昭和62年に開設された施設です。アリーナはバレーボール（メイン）1面、バレーボール（サイド）2面、バスケットボール2面、卓球5台、バドミントン2面が実施可能です。
●**施設案内**：アリーナ、談話室、事務管理室、シャワー室、ロビー●**スポーツ教室・講習会**：サタデー・スポーツクラブ、体育協会各種団体主催の教室など●**休館日**：月曜日、第3日曜日、祝祭日●**交通案内**：近江鉄道「豊郷駅」から徒歩約20分

③野外活動施設ふれあいの郷

〒529-1174　豊郷町下枝147
TEL.0749-35-2550
FAX.0749-35-2930

　自然の中での集団生活を通し、人と人とのふれあいによる協調性と奉仕の精神を養い、豊かな人間性を育成し、心身共に健康で明るいふるさとづくりをめざして建設されたものです。
●**施設案内**：管理棟、バンガロー4棟、炊事場ほか●**利用料金**：管理棟（1泊）￥5,000、（日帰り）￥3,000、（時間利用）￥500／h、バンガロー（1泊）￥4,000、（日帰り）￥2,000、（時間利用）￥400／h●**休場日**：月曜日、第3日曜日、祝祭日●**交通案内**：近江鉄道「豊郷駅」から徒歩約20分

④豊郷武道館

〒529-1166　豊郷町上枝48
TEL. 0749-35-5050

　人の道を学び、身体を鍛える基本とされる武道を通じ、青少年が自らの心を正し、たくましく育つとともに、町民各層にも広く普及、発展することを願って平成4年に開設されました。
●施設案内：道場2、ミーティングルーム、シャワー室、更衣室、事務室●スポーツ教室・講習会：豊郷剣道教室など●利用料金：道場（半面）昼間￥400／h、夜間￥600／h●休館日：月・金曜日●交通案内：近江鉄道「豊郷駅」から徒歩約5分

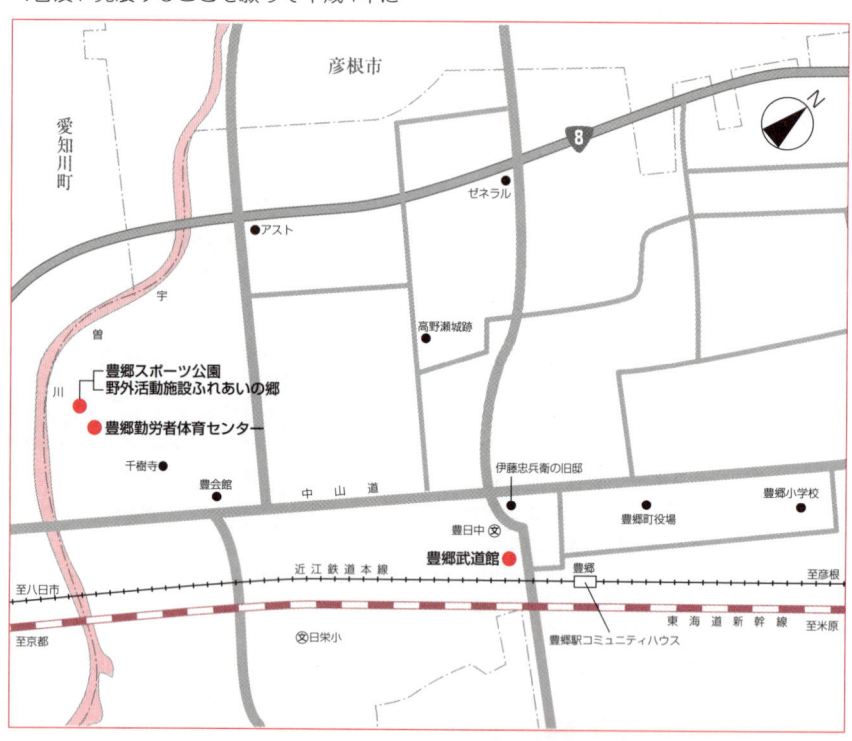

甲良町

■**知っ得スポット**

甲良豊後守宗廣記念館〈甲良町法養寺501　TEL.0749-38-3656〉
幕府作事方大棟梁職を勤め、寛永13年（1626）に日光東照宮人造替の大任を果たした甲良豊後守宗廣の偉業をたたえる資料館です。

①甲良町多目的運動公園

〒522-0244　甲良町池寺1232-1
TEL. 0749-38-3315
FAX. 0749-38-4366

　町の南に位置する犬上川左岸の扇状地に広がる施設です。生涯を通じて生きがいを持ち、気軽に町内外を問わず、自然に親しみながら利用できる施設です。
●**施設案内**：芝広場（少年野球場、ソフトボール場、夜間照明有）、多目的広場（野球、サッカー、ゲートボールほか）、芝公園（遊具有）●**スポーツ教室・講習会**：ニュースポーツ教室、野球教室など●**利用料金**：芝広場・町内￥500／h、町外￥1,000／h（夜間は町内￥2,500、町外￥3,000）、多目的広場（全面）・町内￥1,000／h、町外￥2,000／h、芝公園・無料●**交通案内**：甲良町役場から車で約5分／彦根I.Cまたは八日市I.Cから車で約15分

②甲良町温水プール

〒522-0244　甲良町在士357-1
TEL. 0749-38-5151
FAX. 0749-38-5150

　平成10年に完成した福祉センターと温水プールとして併設された施設です。障害者が優先的に利用できるほか、シルバーの人が利用しやすい施設になっています。一般にも開放されています。
●**施設案内**：温水プール（14m×25m）、ミニプール（4m×6m）、香良の湯ほか●**スポーツ教室・講習会**：水泳教室（成人教室、アクアピック・ジュニア教室）●**利用料金**：￥500、香良の湯入浴料￥200ほか●**休館日**：火曜日●**交通案内**：JR河瀬駅からバス「甲良町役場前」下車／近江鉄道「尼子駅」からバス「甲良町役場前」下車

愛知川町

■知っ得スポット
びんてまりの館（ゆうがくの郷）〈愛知川町愛知川市1673　TEL.0749-42-4114〉
町の伝承工芸である「びん細工手まり」の伝統と技術を伝える資料館です。なぜ手まりがびんの中に入ったのか、その由来は定かではありませんが、優雅で神秘的な風情が漂い、今も人気を誇ります。

①ふれ愛スポーツ公園

〒529-1303　愛知川町長野1973
TEL＆FAX.0749-42-7503

　町民の健康増進、生涯スポーツの振興を目的に、平成7年に完成した施設です。本部棟、スコアボードを備えた本格的な軟式野球場、ゲートボールやグラウンドゴルフに利用できる多目的グラウンド、遊具広場が設置され、町内外を問わず幅広く利用されています。

●施設案内：野球場（スコアボード、本部棟）、多目的グラウンド、遊具広場●利用料金：野球場（平日）￥500／h、（土日祝日）￥800／h、多目的グラウンド無料
●休園日：月曜日、祝日、年末年始●交通案内：JR「稲枝駅」から車で約10分、近江鉄道「愛知川駅」から車で約10分

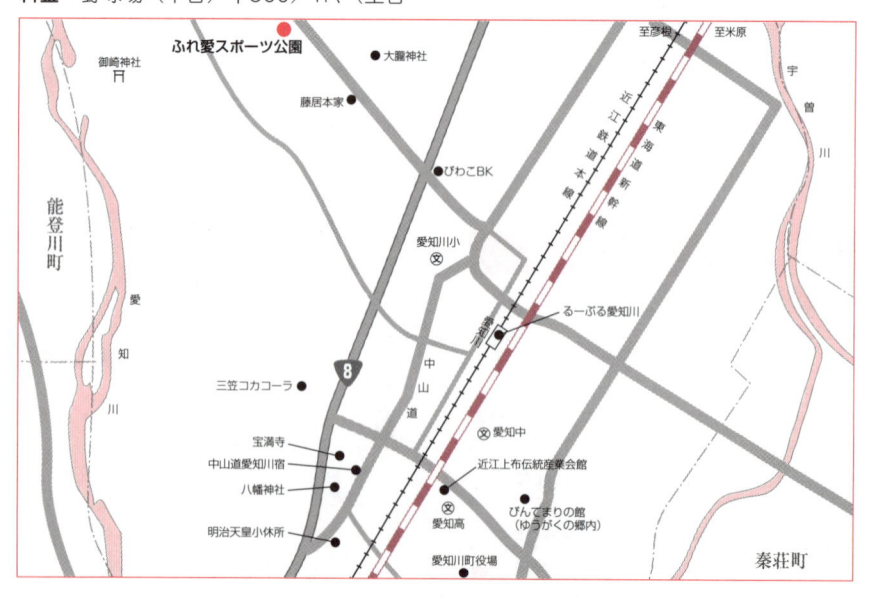

秦荘町

■知っ得スポット

手おりの里金剛苑〈秦荘町蚊野外514　TEL.0749-37-4131〉
伝統産業品である近江上布や秦荘紬の美しさ、特性を、資料や実演を通して広く一般に伝える施設です。藍染めなどの体験もできます。

①ラポール秦荘　はつらつドーム

〒529-1234　秦荘町安孫子1216-1
TEL.0749-37-8080
FAX.0749-37-4343

　クレイ（土）舗装の屋根付きグラウンドは、広さ40m×50mです。天候や昼夜を問わず、スポーツ、レクリエーションが楽しめます。また、隣接する「ふれあい広場」は、家族連れで楽しめる総合遊具や人工ゲレンデ、ターザン遊びの他、虚弱老人が遊びながら体力向上を図るシルバーパークゾーンを備えています。

●**施設案内**：ステージ、グラウンド、男女トイレ、放送室ほか●**利用料金**：（全面）早朝¥4,000、午前¥5,000、午後¥6,000、夜間¥6,000、照明料（全面）¥800/h〈町内居住者、勤務者は照明料のみ〉●**休館日**：無休●**交通案内**：彦根I.Cまたは八日市I.Cから車で約20分

②ラポール秦荘　けんこうプール

　平成14年10月にオープン予定の施設です。プールやエアロビクススタジオ、トレーニングルームでの運動を組み合わせたメニューを設け、コンピュータによる運動管理システムの導入で、利用者個々の健康状態の管理や、運動履歴など、運動成果の実態把握につなげます。

●**施設案内**：一般プール（25m×6コース）、歩行用プール、子供用プール、ジャグジー、エアロビクススタジオ、トレーニングルーム、ミーティングルーム、男女更衣室ほか●**スポーツ教室・講習会**：水中ウォーキング教室、アクアダンス教室、腰痛改善教室、水中ダンベル教室、幼児・ジュニア水泳教室、障害者・虚弱老人対象アクアビクス教室、エアロビクス教室、引き締めエアロ教室、リズム体操教室、ステップエアロ教室、ファンクダンス教室など●**利用料金**：未定●**休館日**：未定●**交通案内**：彦根I.Cまたは八日市I.Cから車で約20分

③秦荘町民スポーツセンター

〒529-1205　秦荘町軽野甲100
TEL.0749-37-3383
FAX.0749-37-3506

　秦荘勤労者体育センター（体育館）と、秦荘町民グラウンド、秦荘町民武道館から

なります。また、付近の宇曽川沿い（秦荘町沖）にはリバーサイドグラウンドゴルフ場が整備されています。
●**施設案内**：秦荘勤労者体育センター（アリーナ、卓球室、トレーニング室）、秦荘町民グラウンド（野球2面、サッカー2面、ソフトボール2面・夜間照明有）、秦荘町民武道館（剣道場、柔道場）、リバーサイドグラウンドゴルフ場（16ホール）●**利用料金**：体育館（アリーナ1面）午前￥1,500、午後・夜間￥2,000、照明料￥200／h、卓球室（1台）午前￥350、午後・夜間￥500、グラウンド・早朝￥500、午前￥1,500、午後・夜間￥2,000、照明料（南コート全灯）￥2,600／h、（北コート全灯）￥1,300／h、武道館（剣道場）午前￥1,500、午後・夜間￥2,000、（柔道場）午前￥1,500、午後・夜間￥2,000、グラウンドゴルフ場・町内無料、町外（半日）￥300ほか●**休館日**：土日祝日、年末年始●**交通案内**：JR「能登川駅」からバス「香之庄」下車、徒歩約20分

④滋賀県立アーチェリー場
〒529-1202　秦荘町松尾寺
TEL. 0749-37-3383（秦荘町民スポーツセンター）

　昭和56年のびわこ国体時に、アーチェリー競技の会場として整備され、以降、町営アーチェリー射場として利用されていましたが、国内アーチェリー競技に長距離競技が導入されたのに伴い、平成6年に県立施設として整備された90m競技が可能なアーチェリー場です。的場（鉄骨造）5レーンが常設されています。
●**施設案内**：競技スペース、管理棟、更衣室、会議室、夜間照明設備ほか●**利用料金**：（アマチュアスポーツに使用する場合・貸切）午前￥2,070、午後￥3,110、夜間￥4,150ほか〈県外居住者は記載料金の1.5倍〉●**休場日**：月曜日●**交通案内**：JR稲枝駅からバス「国民宿舎金剛輪寺荘」下車

⑤秦荘町民テニス場
〒529-1202　秦荘町松尾寺
TEL. 0749-37-3383（秦荘町民スポーツセンター）
TEL. 0749-37-3521（国民宿舎金剛輪寺荘）

　湖東三山の一つ、金剛輪寺にほど近い国民宿舎金剛輪寺荘の前庭に、県立アーチェリー場（④参照）と隣接して整備されています。国民宿舎金剛輪寺荘は、団体の食事、休憩にも利用できます。
●**施設案内**：テニスコート2、夜間照明施設●**利用料金**：（1面・平日）￥400／h〈町外居住者は￥1,000／h〉照明料￥300／h●**休場日**：土日祝日●**交通案内**：JR稲枝駅からバス「国民宿舎金剛輪寺荘」下車

⑥県立湖東三山自然歩道
甲良町、秦荘町、愛東町
TEL. 0749-37-8059（秦荘町観光協会）
FAX. 0749-37-4444（　〃　）

　西明寺（甲良町）から金剛輪寺、宇曽川ダムの周辺を経て、百済寺（愛東町）までの全長9.5mのコース。緑豊かな森林、歴史を秘めた文化財、のどかな田園風景、ロックフィルダムなどの光景が続く変化に富んだコースです。四季を通じて気軽に森林浴、自然観察、ハイキングなどが楽しめます。

湖東町

■**知っ得スポット**

湖東味咲館〈湖東町横溝424　TEL.0749-45-0335〉
湖東町産のぶどう・梨・メロン・スイカ・いちごや野菜など新鮮な農作物の直売をはじめ、レストランではこれらを素材にした旬の料理が味わえます。

①湖東町民体育館

〒527-0135　湖東町池庄488
TEL.0749-45-3066
FAX.0749-45-2049

町民の健康増進と体育振興のため、種々のスポーツ教室やイベント、フェスティバルなどが開催されます。
●**施設案内**：アリーナ、ステージ、ギャラリー●**利用料金**：アリーナ（半面）¥400、照明使用料（半面）¥400●**休館日**：年末年始●**交通案内**：近江鉄道「八日市駅」からバス「役場前」下車、徒歩約1分

②湖東町民プール

〒527-0135　湖東町池庄496
TEL.0749-45-1213
FAX.0749-45-2049

年間を通じて一般利用されるほか、水泳教室や水上運動会が開催され、子どもから

大人まで受講できます。町民にも無料優待日があります。
●施設案内：大プール（25ｍ×7）、小プール（6ｍ×10）、採暖室ほか●スポーツ教室・講習会：親子教室、幼児教室、ジュニア教室、女性教室、一般教室、ヘルシー教室、マスターズ教室、シェイプアップスイミング、アクアビクス教室、水中健康教室など●利用料金：￥500●休館日：月・火曜日、年末年始●交通案内：近江鉄道「八日市駅」からバス「役場前」下車、徒歩約1分

③ひばり公園

〒527-0135　湖東町池庄610
TEL.0749-45-3363
FAX.0749-45-3200

　都市型の総合公園で、野球場やテニスコート、多目的グラウンドなど種々のスポーツ施設があります。公園の中央には子ども広場があり、休日には大勢のファミリーでにぎわいます。
●施設案内：野球場（湖東スタジアム）1、屋内テニスコート2、屋外テニスコート4、多目的グラウンド、パークゴルフ18ホール●利用料金：野球場￥1,500／h、照明使用料（全灯の場合）￥14,000／h、屋内テニスコート（1面）￥1,000／h、照明使用料（1面）￥500／h、多目的グラウンド￥600／h、パークゴルフ￥400〈土日祝日、平日時間外の使用料は記載料金の1.5倍。県外居住者は記載料金の1.5倍〉
●休園日：火曜日、祝日の翌日、年末年始
●交通案内：近江鉄道「八日市駅」からバス「ひばり公園」下車すぐ

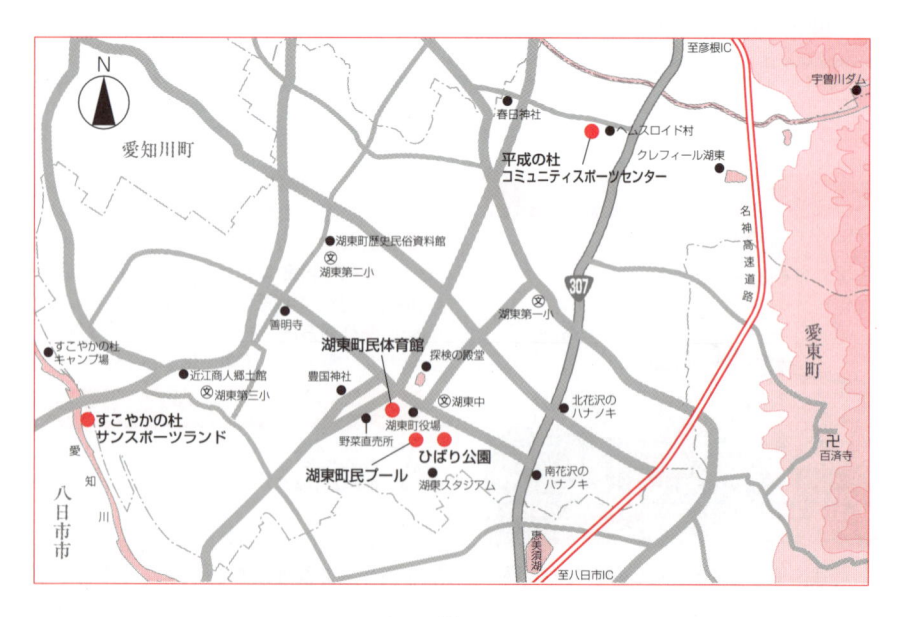

④ すこやかの杜 サンスポーツランド

〒527-0125　湖東町小田苅1890
TEL. 0749-45-1644
FAX. 0749-45-1645

野球場、テニスコート、ゲートボール場と管理棟などがあり、管理棟にはミーティングルームや喫茶室もあります。また、松林を生かしたキャンプ場が併設され、毎年町内外から大勢のアウトドア客が訪れます。

●施設案内：野球場（夜間照明有）1、テニスコート2、ゲートボール場1、芝生ランド、エントランス広場、管理棟（ミーティングルーム、更衣室、喫茶室）ほか●利用料金：野球場￥600／h、照明使用料￥2,500／h、テニスコート￥400／h、照明使用料￥400／h、ゲートボール場￥100／h、キャンプ場（宿泊1人）￥200ほか●休館日：無休（キャンプ場オープン期間は6／1～9／30）●交通案内：近江鉄道「八日市駅」からバス「すこやかの杜口」下車

⑤ 平成の杜 コミュニティスポーツセンター

〒527-0102　湖東町平柳568
TEL. 0749-45-0990
FAX. 0749-45-2049

体育館とグラウンドがあり、自然環境を生かした健康とふれあいの場になっています。また、陶芸・工芸等の新しいモノ作りの拠点となる「ヘムスロイド村」が隣接しています。

●施設案内：体育館（アリーナ1）、多目的グラウンド●利用料金：体育館、グラウンドとも￥400／h●休館日：年末年始●交通案内：JR「能登川駅」からバス「小八木」下車、徒歩約10分

広告

自然と一体感！馬と一緒に風をつかまえよう
伊吹山をのぞむ爽快なステージ

営業時間　平日 AM 9:00～ PM 2:00～
定休日　火曜日

お問い合わせ
〒526-0242　滋賀県東浅井郡浅井町三田786
TEL.0749-74-0200
三田ライディングクラブ

お子様から大人まで楽しめます。

愛東町

■知っ得スポット

フルーツ＆ハーブ工房 Rapty〈愛東町妹184-1（あいとうマーガレットステーション内）TEL.0749-46-1110〉
あいとうブランドのメロン・ぶどう・梨などの果物や、新鮮野菜、ハーブを素材にしたジェラート、ジュース、ジャム、クッキーなどを季節限定販売しています。特にジェラートは休日には行列ができるほどの人気商品です。

①愛東おくのの運動公園

〒527-0164　愛東町青山70
TEL＆FAX.0749-46-0227
URL http://www.town.aito.shiga.jp/

昭和58年に完成した施設です。球技場、運動場、テニスコート、多目的広場、体育館などが整備されています。

木々の緑と、のどかな田園風景に囲まれた自然味あふれる公園内は、利用者の憩いの場となっています。

●**施設案内**：球技場（野球、夜間照明有）、運動場（ソフトボール2、陸上競技200ｍトラック、夜間照明有）、テニスコート3（夜間照明有）、多目的広場（サッカー、ゲートボール）、ちびっこ広場（遊具一式）、体育館②トレーニングセンター参照）ほか

●**利用料金**：球技場・午前￥1,500、午後￥2,000、夜間￥2,000ほか、多目的広場運動場・午前￥1,000、午後￥1,500、夜間￥2,000ほか、テニスコート（1面）￥400／h、（ナイター使用料）球技場￥2,500／h、テニスコート（1面）￥300／h、運動場￥2,500／hほか〈町外居住者は別設定〉●**休園日**：12／29〜1／3●**交通案内**：八日市I.Cから車で約10分

②愛東町農業者トレーニングセンター

〒527-0164　愛東町青山70
TEL＆FAX.0749-46-0227
URL http://www.town.aito.shiga.jp/

愛東おくのの運動公園内にある施設で、アリーナはバレーボール2面、バスケットボール1面、バドミントン3面として使用可能です。トレーニングルームが併設され、

Topics このイベントに注目！

全日本あいとう4時間耐久三輪車レース
毎年10月に行われるこのレースでは、2人のライダーと1人のメカニックがチームを組み、1周約250ｍの特設ミニサーキットを、根性と青春を燃料に走り続ける過酷なレースです。毎年、感動のドラマが生まれます。
〈問〉愛東町青年団事務局（教育委員会内）
TEL.0749-46-2265

卓球2面として使用も可能です。
●**施設案内**：アリーナ、トレーニングルーム、シャワー室、男女更衣室、会議室ほか
●**利用料金**：午前￥1,000、午後￥1,500、夜間￥2,000ほか、（ナイター使用料）アリーナ（2面制1面につき）￥200／h、トレーニングルーム￥100／h〈町外居住者は別設定〉●**休館日**：12／29〜1／3●**交通案内**：名神八日市I.Cから車で約10分

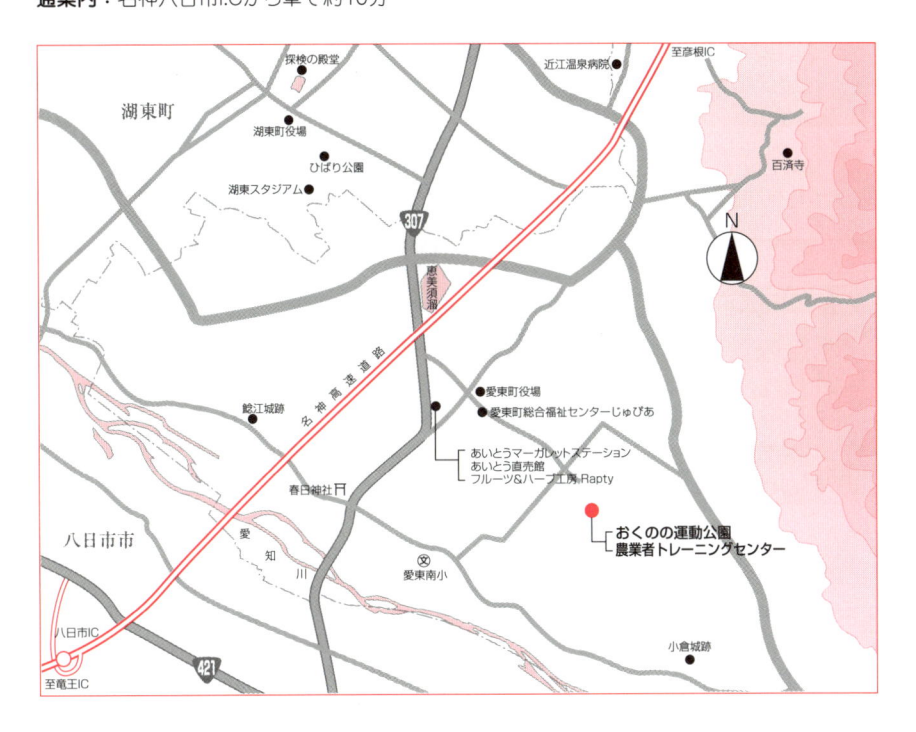

天然温泉

ゆらら、ゆらら～
岩根山の自然が、生んだオアシスです

百(もも)伝の湯
曲線を取り入れた落ち着きのある浴室。緑に包まれた露天風呂があります。

修(しゅ)験(げん)の湯
自然石を使用し、また静と動の調和のとれた滝湯・寝湯を配置した浴室です。

バーデプール（リフレッシュ！）
水中での歩行運動を目的にした施設。心も身体も爽快！無理なく健康維持ができます。

利用料	大人	小人(3才～小学生)
おふろ	600円	300円
プール	800円	400円
おふろ・プール	1300円	650円
ファミリー浴室(要介助用)	お一人様 500円	
温泉スタンド	50リットル 50円	

小人とは3才以上中学生まで

営業時間
10:00～21:00（最終受付20:30）

〒520-3252
滋賀県甲賀郡甲西町岩根678-28
TEL 0748-72-8211　FAX 0748-72-8443
URL http://www.yurara.or.jp/
Mail kokoku@yurara.or.jp

施設：森林浴トリムコース・トレーニングコース・リラクゼーションルーム

ゆらら
十二坊温泉

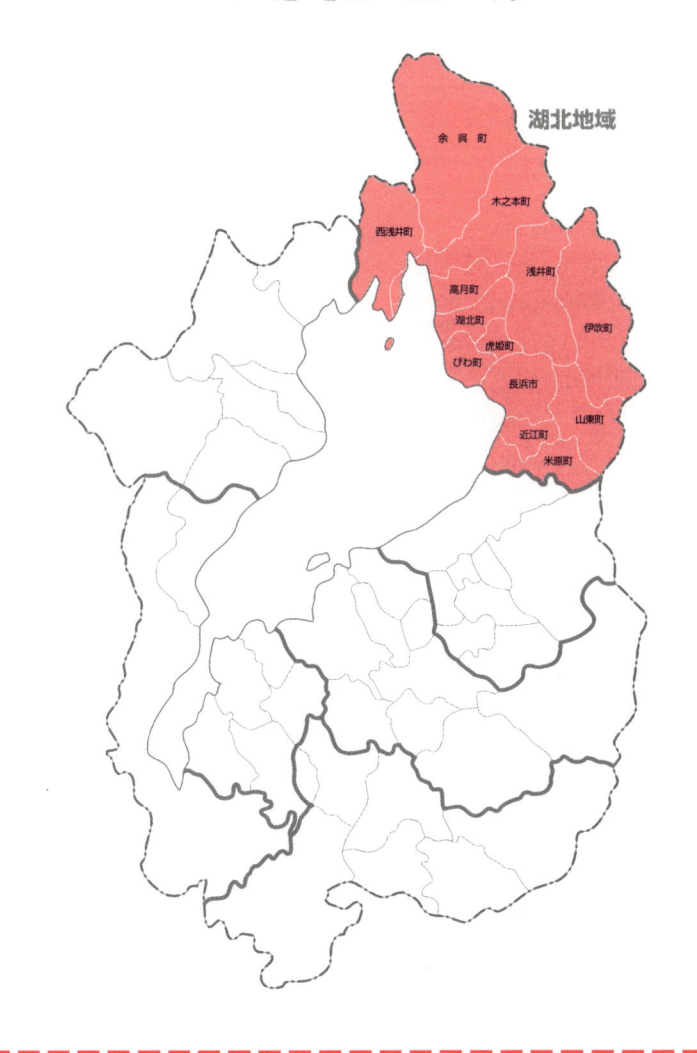

● 湖北地域 ●

湖北地域

余呉町
木之本町
西浅井町
浅井町
高月町
湖北町
伊吹町
虎姫町
びわ町
長浜市
山東町
近江町
米原町

長浜市

■知っ得スポット

曳山博物館〈長浜市元浜町14-8　TEL.0749-65-3300〉
日本三大山車祭の一つ、長浜曳山まつりの歴史と文化を紹介する博物館です。金工細工や木彫り、漆塗など日本の伝統工芸の粋を集めた曳山が常時2基ずつ展示されています。

①県立長浜ドーム

〒526-0829　長浜市田村町1320
TEL. 0749-64-0808
FAX. 0749-62-2006
URL http://www.biwa.ne.jp/~sigadome/

　琵琶湖の東北部に位置し、雨や風雪などの悪天候にも影響されない全天候型グラウンドです。子どもから高齢者まで、誰もがスポーツや健康づくりに、また文化的行事や各種イベント等に利用することができます。
●施設案内：屋内グラウンド、練習室、トレーニング室、会議室3、屋外グラウンド、屋外テニスコート（全天候型）4、芝生広場ほか●スポーツ教室・講習会：エンジョイスポーツデー、エアロビクス教室、ドームテニス教室、シニアフィットネス教室、ジュニアスポーツアカデミー、トレーニング教室など●利用料金（個人）：屋内グラウンド￥460／2ｈ、トレーニング室（1回）￥460／2ｈ、テニスコート（1面）￥610／2ｈほか●休館日：月曜日（祝日の場合は翌日）、年末年始●交通案内：JR「田村駅」から徒歩約5分

②長浜市民庭球場

〒526-0065　長浜市公園町10-57
TEL. 0749-64-5151
FAX. 0749-64-5152

　昭和55年に開設した施設で、クレーコート12面が整備されています。クラブハウス、更衣室等も完備され、各種大会等の会場としても利用されています。
●施設案内：クレーコート12、クラブハウス、男女更衣室●利用料金：1面￥150／ｈ、ナイター1面￥800／ｈ〈市外居住者は記載料金の1.5倍〉●休場日：祝祭日の翌日、年末年始●交通案内：JR「長浜駅」から徒歩約5分

③長浜市民プール

〒526-0065
TEL. 0749-64-5151
FAX. 0749-64-5152

　昭和54年に完成した屋外プール施設です。7月中旬から8月末までオープンし、大勢の子ども達でにぎわいます。
●施設案内：徒歩プール、児童プール、25ｍ×8コース、50ｍ×9コース、男女更衣室ほか●スポーツ教室・講習会：こども水泳教室など●利用料金：￥300ほか（付き添いは￥150）●休館日：オープン期間中無休●交通案内：JR「長浜駅」から徒歩約5分

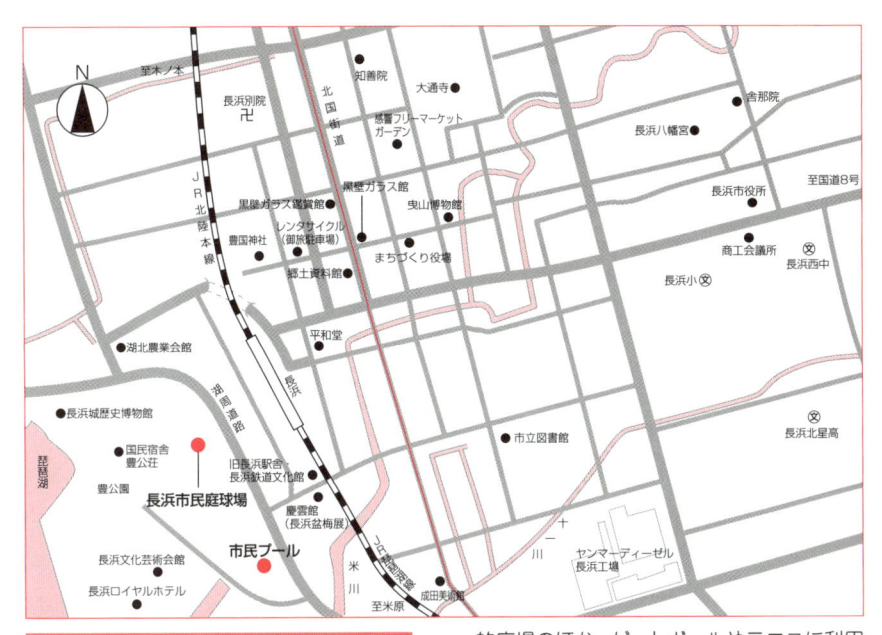

④長浜市民体育館

〒526-0831　長浜市宮司町1203
TEL. 0749-63-9806
FAX.0749-63-9859

　昭和54年に完成した施設です。市民のスポーツ活動の拠点として利用されています。●**施設案内**：アリーナ、卓球室、トレーニング室、柔剣道場、会議室、男女更衣室ほか●**スポーツ教室・講習会**：こども剣道教室、こども柔道教室、親子エンジョイ体操教室など●**利用料金**：アリーナ￥1,500／h、卓球室・トレーニング室・柔剣道場￥400／2h〈土日祝祭日は記載料金の1.2倍、市外居住者は記載料金の1.5倍〉●**休館日**：祝祭日の翌日、年末年始●**交通案内**：JR「長浜駅」からバス「市民会館前」下車

⑤長浜市民運動広場

〒526-0831　長浜市宮司町154
TEL. 0749-64-5151
FAX.0749-64-5152

　平成12年にオープンした施設です。多目的広場のほか、ゲートボールやテニスに利用できる屋根付き運動広場（サンドーム）を備えています。
●**施設案内**：多目的広場（ゲートボール3

面）、屋根付き運動広場（ゲートボール3面、テニスコート1面）、会議室ほか●**利用料金**：多目的広場（午前・午後）￥1,800、屋根付き運動広場（午前・午後・夜間）￥4,500、照明使用料￥900／h●**休場日**：祝祭日の翌日、年末年始●**交通案内**：JR「長浜駅」からバス「今川」下車、徒歩約5分

⑥長浜市サイクリングターミナル

〒526-0824　長浜市名越町1016-1
TEL. 0749-65-9285
FAX. 0749-65-5533

　昭和53年に完成した施設です。宿泊研修等に利用されています。
●**施設案内**：和室9・洋室4・和洋室2（収容人員80名）、研修室、食堂、浴室ほか●**スポーツ教室・講習会**：エンジョイサイクリングなど●**利用料金**：和室・和洋室（素泊）￥2,500、洋室（素泊）￥2,100、研修室（4時間以内）￥2,000、レンタサイクル（4時間以内）￥300／台●**休館日**：年末年始●**交通案内**：JR長浜駅からバス「名越」下車

広告

スリル満点！河内の風穴

県指定天然記念物

関西で最も長い洞窟

伝説によると、伊勢まで通じるとか…あなたも涼とスリルを体感しませんか？

ここは、およそ55万年前に生成され、1年で鍾乳石は1〜2ミリ成長しています。入り口から200mまでの1階と2階を見学することができます。不思議いっぱいのところ！

※洞窟内は、年中摂氏11度

◀風穴へ続く渓流

河内風穴観光協会

交通・名神高速道路
彦根ICから車で20分

〒522-0301　滋賀県犬上郡多賀町河内　TEL0749-48-0552

米原町

■知っ得スポット

中山道醒井宿〈米原町醒井　TEL.0749-52-1551（米原町産業振興課）〉
江戸時代からの建物が数件残り、地蔵川の清流とともに当時の面影を伝えています。ヤマトタケルが体毒を洗い流したとされる「居醒の清水」は、今もこんこんと水が湧き出ています。

①米原町立町民球場

〒521-0004　米原町磯899-2
TEL.0749-52-2240（米原町中央公民館）
FAX.0749-52-2242（　　〃　　）

　昭和62年に開設され、町民や隣接市の人々に軟式野球やソフトボールの試合などに利用されています。
●施設案内：球場（両翼91.5m・センター105m、更衣室）●利用料金：午前￥2,000、午後￥3,000（町外居住者は記載料金の1.5倍）●交通案内：JR「米原駅」から車で約10分

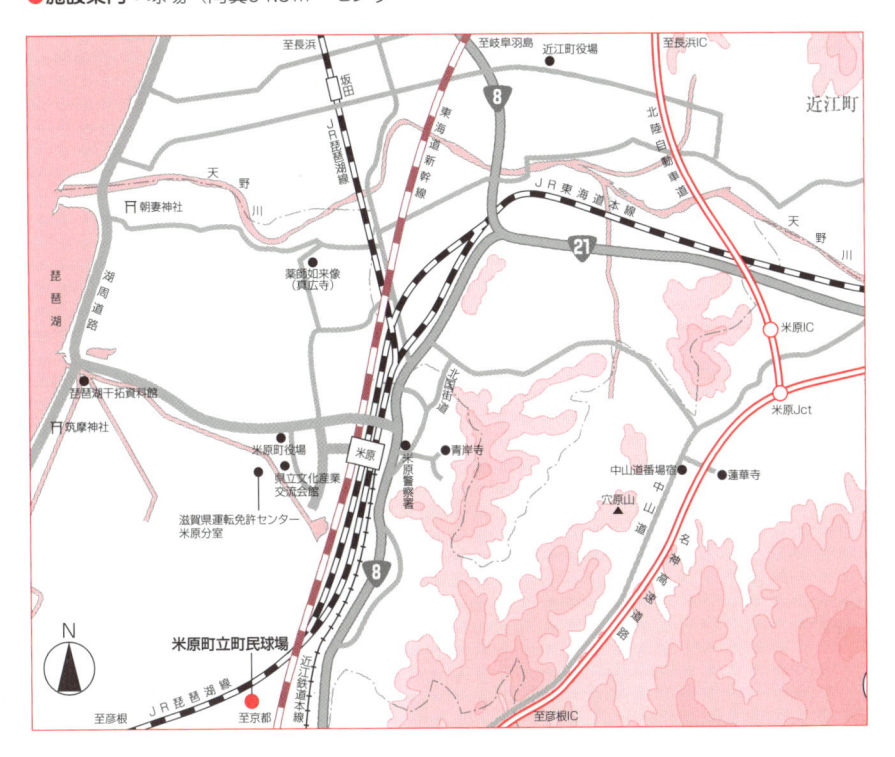

②県立醒井養鱒場

〒521-0033 米原町上丹生
TEL. 0749-54-0301
FAX. 0749-54-0302

　丹生川の清水と広い河川敷を利用して、明治11年に造られた日本初の県立孵化場です。約80万㎡の敷地に45面の飼育池や、資料館、さかな学習館のほか、つり池やつかみ取りができる水路などが整備されています。また、鱒の料理店などもあり、夏場は大勢の家族連れでにぎわいます。
●**施設案内**：飼育池、さかな学習館、つり池、ふれあい河川ほか●**講習会・教室**：夏休みに「親子さかな教室」を開催。また、夏季と秋季に採卵見学会を実施●**利用料金**：入場料￥300、つり場丹生受領￥50ほか●**交通案内**：JR東海道線「醒井駅」からバス「醒井養鱒場」下車

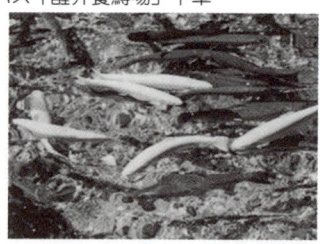

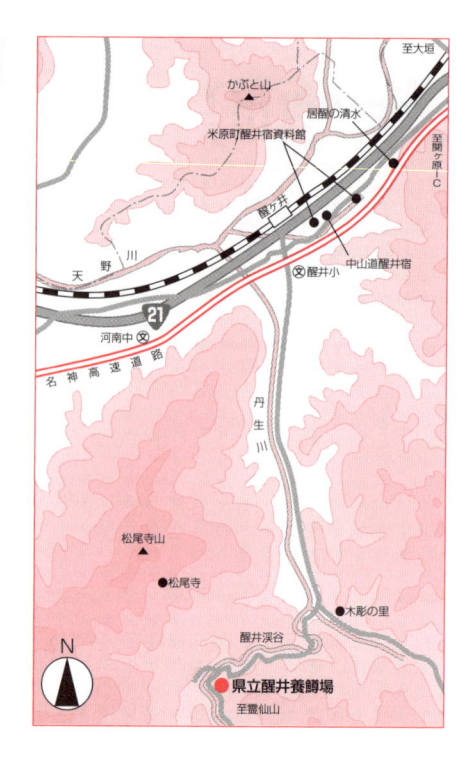

広告

"鳥"になって新しい世界を見てみよう！

一日体験コース
大　人 ￥**7,000**（レンタル料、講習料）
　　　～別途保険料￥1,000～
対　象　10～70才（学割あり）

無料のパンフレットも送付

伊吹山パラグライダースクール
ブルースカイ内
詳しくは、お電話で！ TEL **0749-58-1382**
〒521-0312 滋賀県坂田郡伊吹町上野1488-2
URL http://www.bluesky3.net

交通 JR近江長岡駅から無料の送迎バス有（要予約）
　　 米原インターより30分
　　 長浜インターより20分
▲1日体験の風景

近江町

■**知っ得スポット**
近江町はにわ館〈近江町顔戸281-1　TEL.0749-52-5246〉
公共図書館に併設された新しいスタイルの文化施設です。はにわミュージアムは架空の人物息長博士が古墳時代にタイムスリップするというストーリーで構成されています。

①近江母の郷文化センター

〒521-0062　近江町宇賀野1364
TEL.0749-52-5177
FAX.0749-52-5178

琵琶湖畔のレジャーの拠点として、文化型、スポーツ型の両面を併せ持つ施設です。宿泊研修やサークル活動、グループの会合に最適です。広大な敷地には屋外テニスコート（4面）とふれあいドームが整備され、ドームはテニス、ゲートボール、グラウンドゴルフなど多目的に使用できます。

●**施設案内**：屋外テニスコート4、多目的ドーム（ゲートボール、グラウンドゴルフなど）、会議室、研修室、宿泊室（和）、レストラン、ふれあい広場●**スポーツ教室・講習会**：テニス教室（初心者、初級者対象）

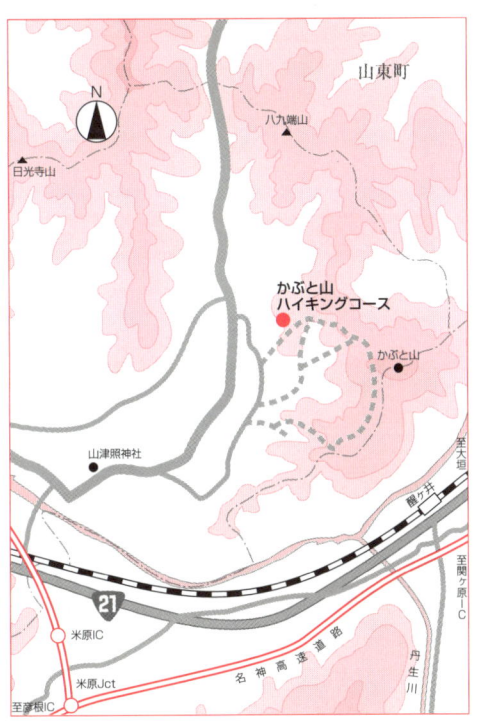

●**利用料金**：テニスコート（1面）¥400／h、ドーム（半日）¥3,500、宿泊（1泊）¥2,700※別途部屋代要、和室（1室日帰り利用）¥6,000／日●**休館日**：火曜日、第1・3水曜日●**交通案内**：JR米原駅から車で約10分／JR北陸線「坂田駅」から徒歩約20分

②かぶと山ハイキングコース

〒521-0081　近江町多和田（登山口）
TEL. 0749-52-3111（近江町観光協会）
FAX. 0749-52-4858（　　〃　　）

かぶと山は国蝶オオムラサキの生息地として知られ、コースの途中には古代の謎を秘めた環状列石群や風穴があり、変化に富んだハイキングコースとなっています。大宝神社横と永龍寺横が登山口で、桜やさつき、紅葉などが四季折々に美しく、大勢のハイカーでにぎわっています。山頂からの眺めはすばらしく、琵琶湖も眺望できます。また、毎年、桜まつりと紅葉まつりが開催されています。

●**開山期間**：年間開山、但し冬季（積雪時）は不可。夜間の登山は不可。●**交通案内**：JR米原駅からバス「多和田」下-車、徒歩約5分

山東町

■**知っ得スポット**

三島池〈山東町池下　TEL.0749-55-2377（三島池ビジターセンター）〉
さまざまな水鳥や野鳥が飛来します。地元中学生による2年間の観察の結果、昭和34年に「マガモ自然繁殖の南限地」として、県の天然記念物に指定されました。

①グリーンパーク山東

〒521-0223　山東町池下80-1
TEL. 0749-55-3751
FAX. 0749-55-3785

自然の宝庫三島池に隣接し、平成6年に開設されました。三島池ガーデンゴルフや屋根付運動場「グリーンドーム」、フィールドアスレチックや全長100mのローラー滑り台など、アウトドアを満喫できる施設が揃っています。また、「伊吹の見える美術館」など、文化施設も併設されています。

●**施設案内**：キャンプ場・オートキャンプ場（全18区画）、ゴルフ場（ショートコース）、コテージ（5棟）、トレーラーハウス（5台）、宿泊棟（9室）、研修室、テニスコート（オムニコート）6、イベント広場、アスレサーキットほか●**スポーツ教室・イベント**：ゴルフ教室、テニス教室のほか、ゴルフ大会、テニス大会、サッカー大会、ゲートボール大会を開催●**利用料金**：コテージ（1泊1棟）¥20,000から、トレーラーハウス¥15,000から、宿泊棟（1泊2食付）¥6,000から、テニスコート（1面）¥1,000／hから、ゴルフ場¥1,500から

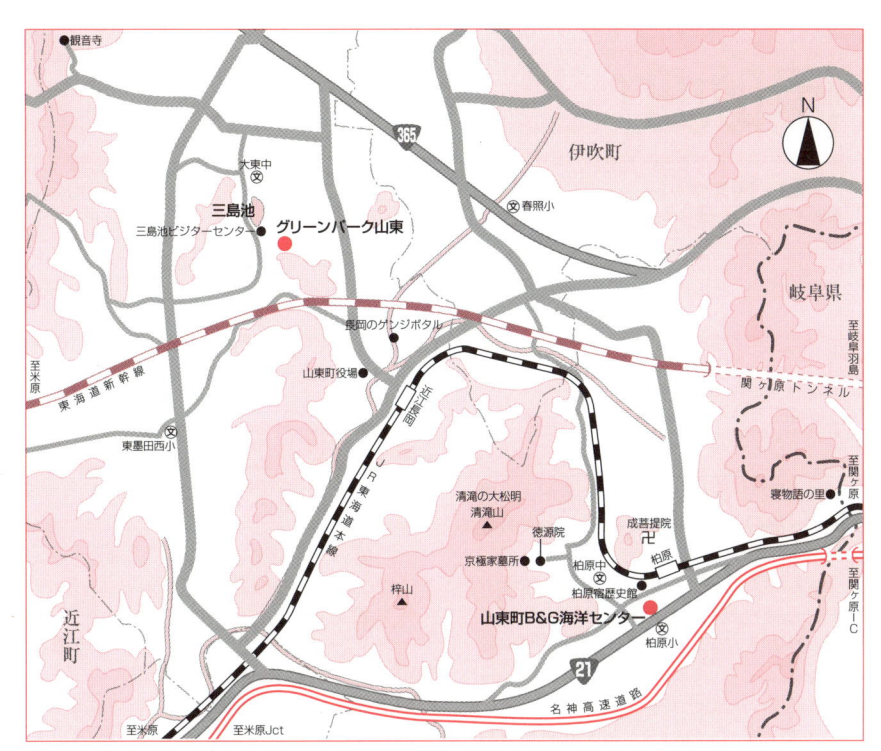

●休館日：無休 ●交通案内：JR東海道線「近江長岡駅」からバス「三島池ビジターセンター前」下車、徒歩約3分

②山東町B&G海洋センター

〒521-0202　山東町柏原2293-1
TEL＆FAX.0749-57-1414

　「近くに運動できる施設を」との町民の要望により、昭和58年にB＆G財団の助成を受けて開設されました。地域住民のスポーツ、健康づくりの拠点となっています。
●施設案内：アリーナ、プール（25m・幼児用）、ミーティングルーム ●スポーツ教室・講習会：ジュニア水泳教室、ヘルスアップ教室、ジャザサイズ教室など ●利用料金：アリーナ・半日￥1,000、全日￥2,000、夜間￥3,000、ミーティングルーム・半日￥500、全日￥1,000、夜間￥1,000、プール・昼間￥100、夜間￥200（県外居住者は既済料金の1.5倍）
●休館日：木曜日、祝日の翌日
●交通案内：JR東海道本線「柏原駅」から徒歩約7分

Topics このイベントに注目！

鴨の里ふれあいマラソン

　10月下旬に三島池周辺で開催されます。体力に合わせ2km、5km、10kmの各コースを選ぶことができます。マラソンのあとはうどんやコーヒー等が振る舞われ、お楽しみ抽選会などが催されます。
〈問〉鴨の里ふれあいマラソン実行委員会事務局
TEL.0749-55-2578

伊吹町

■知っ得スポット

伊吹山文化資料館〈伊吹町春照77　TEL.0749-58-0252〉
伊吹山の自然に抱かれた人々の豊かで情緒ある暮らしぶりを、生活用品や生産用具などの変遷を通じて見ることができます。

①滋賀県立伊吹運動場

〒521-0314　伊吹町春照105
TEL.0749-58-1121（伊吹町教育委員会）
FAX.0749-58-0296（　　〃　　）

　昭和56年のびわこ国体開催以降、県内ホッケー場のメッカとして数多くの大会等に利用されています。国内トップリーグの西日本社会人リーグの会場としても利用されているほか、毎年5月から6月にかけて小・中学生を対象にした伊吹カップが開催されます。
●施設案内：人工芝ホッケー場（6,970㎡）※11人制1面、6人制3面として利用可●利用料金（貸切り、利用者が入場料等を徴収しない場合）：幼稚園、小・中学校、高校等の団体・午前￥1,550、午後￥2,070、アマチュアスポーツに使用する場合・午前￥3,110、午後￥4,150、その他の催し物・午前￥9,350、午後￥12,400※入場料等を徴収する場合は別設定〈県外居住者は記載料金の1.5倍〉●交通案内：JR東海道線「近江長岡駅」から車で約10分

②伊吹山麓青少年総合体育館

〒521-0314　伊吹町春照77-2
TEL.0749-58-1155

　伊吹町の中心となるスポーツ施設で、活発に利用されています。バスケットボールコート、バレーボールコート2面、バドミントンコート6面として使用可能です。隣接してB＆G伊吹海洋センターがあります。
●施設案内：アリーナ、武道室、シャワー室、会議室ほか●利用料金：要問合せ●休館日：月曜日●交通案内：JR東海道線「近江長岡駅」から車で約10分

③B＆G伊吹海洋センター

〒521-0314　伊吹町春照77-2
TEL.0749-58-1636

　上屋付きの屋外プールで、6月から9月にかけて開館されます。
●施設案内：小プール、大プール（25m×6コース）、更衣室、シャワーほか●利用料金：￥200●休館日：月曜日
●交通案内：JR東海道線「近江長岡駅」から車で約10分

④ジョイいぶき
（伊吹薬草の里文化センター）

〒521-0314　伊吹町春照37
TEL.0749-58-1121
FAX.0749-58-0296

　平成6年にオープンした施設です。薬草の宝庫でもある伊吹山を背景に、キャッチフレーズを"ジョイいぶき"と位置づけ、生涯学習や薬草にちなんだ関わりの中、町民等の健康づくり等の拠点施設として利用

されています。特に薬草風呂は町内外から多くの日帰り観光客が訪れる人気のスポットです。
●**施設案内**：文化ホール、薬草アカデミー棟、薬草風呂、ハーブラウンジ、芝生広場、屋内運動場（⑤参照）ほか、●**スポーツ教室・講習会**：エアロビクス教室、ヨガ教室、ジャザサイズ教室など●**利用料金**：レクリエーション室1回（午前・午後・夜間）¥500、薬草風呂¥300●**休館日**：月曜日、祝日の翌日●**交通案内**：JR東海道線「近江長岡駅」からバス「ジョイいぶき」下車

⑤すぱーく伊吹

〒521-0314　伊吹町春照37
TEL.0749-58-1121
FAX.0749-58-0296

　ジョイいぶき内にある屋内ゲートボール場で、ゲートボールコート2面を設置しています。ゲートボールのほか、ホッケー、ハンドボール、野球（ハンドボールはゴール有、野球はバット使用禁止）などのスポーツにも利用することができます。
●**施設案内**：屋内ゲートボール場（2面）ほか●**利用料金**：半日1面¥1,500●**休館日**：月曜日、祝日の翌日●**交通案内**：JR東海道線「近江長岡駅」からバス「ジョイいぶき」下車

⑥伊吹山スキー場・キャンプ場

〒521-0312　伊吹町上野
TEL.0749-58-0303

　琵琶湖を望むダウンヒルコースで、伊吹高原ホテルを中心に1合目から5合目に広がります。1・3合目にはナイター設備があり、3合目には新造雪システムもあります。スノーボードも滑走可能。また7月から8月にかけてはキャンプが楽しめ、昼は高山植物の観察やパラグライダー体験、夜は満天の星空を楽しめます。
●**施設案内**：リフト・ゴンドラ、伊吹高原ホテル（レンタルスキー、救護室、更衣室、レストラン、売店ほか）、人口降雪機、ナイター設備ほか●**スポーツ教室・講習会**：伊吹山スキー・スノーボードスクールなど●**利用料金**：リフト・ゴンドラ1日券¥4,800ほか●**交通案内**：JR東海道線「近江長岡駅」からバス「伊吹山登山口」下車

⑦奥伊吹スキー場・キャンプ場

　伊吹山スキー場の北に位置し、雪質・積

雪量とも信州のスキー場にも劣らない本格的スキー場です。スノーボードも滑走可能。夏場はオートキャンプ場となり、車100台収容可能です。常設テントは7月から9月にかけて営業で、5人用ドームテントを使用、全8区画があります。共同炊事棟やテニスコート2面が整備されているほか、アグリコテージ6棟（⑧参照）があります。●施設案内：リフト、ロッジ、レストハウスほか●スポーツ教室・講習会：スキースクールなど●利用料金：リフト1日券￥4,000ほか●交通案内：米原I.Cから車で約35分

⑧奥伊吹アグリコテージ

〒521-0301　伊吹町甲津原
TEL. 0749-59-0322
FAX. 0749-59-0430

奥伊吹の大自然を満喫しながら、別荘気分が味わえます。また、春と秋に催される農業体験（田植え、稲刈りなど）にも利用できます。
●施設案内：コテージ6棟（すべてバーベキュー台（有料）つき）●利用料金：（定員8名・1泊1棟）￥25,000●交通案内：米原I.Cから車で約35分

⑨甲津原交流センター

〒521-0301　伊吹町甲津原
TEL＆FAX.0749-59-0225

都市住民との交流を目的にした施設です。季節の野菜、山菜で作った漬け物、梅干しなどの加工体験・見学ができます。施設内では特産品の購入や、予約すれば「薬草弁当」を味わうことができます。
●施設案内：販売所、研修室、漬物加工見学場、漬物実習体験室、喫茶、食事兼休憩室ほか●休館日：不定休●交通案内：JR「近江長岡駅」からバス「甲津原」下車／米原I.Cから車で約35分

Topics このイベントに注目！

雪合戦奥伊吹バトル＆かまくら祭

毎年2月上旬、日本雪合戦連盟競技規則にのっとった本格的な雪合戦が行われます。一般・レディース、ジュニアの部に分かれ、高度な技術のみならず緻密な作戦とチームワークが求められます。同時にかまくら祭が催され、模擬店なども出ます。
〈問〉雪合戦奥伊吹バトル実行委員会事務局
TEL.0749-58-1121

夢高原かっとび伊吹

毎年夏に開催され、スタートから伊吹山を駆け足で登ろうというイベントです。標高差1157m地点までのコース「アタック伊吹の部」はかなり過酷ですが、体力に合わせ「チャレンジ伊吹の部」、「ハイキング伊吹の部」を選択することができます。
〈問〉夢高原かっとび伊吹事務局
TEL.0749-58-1121

パナソニックカップ・スポニチMTB

7月下旬の土・日曜日にかけて行われ、夏恒例のイベントになりつつあります。伊吹山に設けられたコースをマウンテンバイクで駆け抜け、スピードを競い合います。
〈問〉パナソニックカップ・スポニチMTB大会事務局
TEL.06-4707-8331

虎姫町

■知っ得スポット

虎姫時遊館〈虎姫町三川1635-2　TEL.0749-73-5030〉
戦国時代、天下統一の野望を抱く武将たちの戦いの舞台となった虎姫。その歴史と文化を後世に伝え、交流活動等の拠点施設として利用されています。

①滋賀県立虎御前山教育キャンプ場

〒529-0103　虎姫町中野
TEL＆FAX.0749-73-5231
申込受付　　0749-73-2273（虎姫町教育委員会）

　平成11年にリニューアルオープンし、テントサイトには専用の炊事棟と便所等が、また宿泊室8室を備えた宿泊棟と雨天時にも様々な活動ができる多目的スペースを備えた中央管理棟が新たに設けられました。テントやバンガローでの宿泊のほか、日帰りでバーベキューを楽しむ利用者も多く見られます。

●**施設案内**：テントサイト（6人用）30張、バンガロー8室、集会室、多目的室、ピロティー、炊事棟、便所棟、貸テント・貸調理用具有ほか●**利用料金**：キャンプ施設（1泊）¥500、宿泊室（1泊）¥810ほか

〈県外居住者は記載料金の2倍〉 ●**開場期間**：4／1〜10／31 ●**交通案内**：JR北陸線「虎姫駅」から徒歩約20分

②虎姫勤労者体育センター

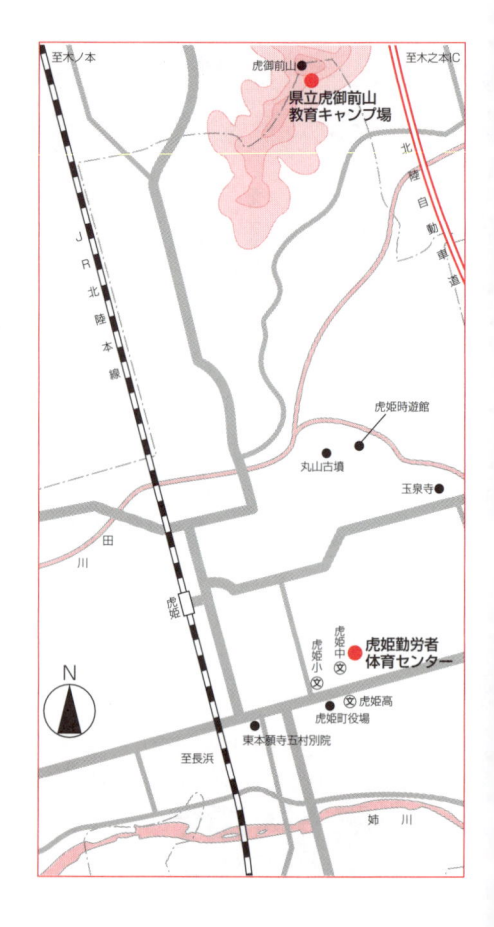

〒529-0141　虎姫町五村360
TEL. 0749-73-4314

　平成2年に当時の雇用促進事業団と虎姫町の合築により開設されました。虎姫町および近隣市町の勤労者をはじめ、地域住民のスポーツ活動の拠点となっています。
●**施設案内**：アリーナ（バレーボール2、バスケットボール1、テニス1、バドミントン4として使用可）、更衣室ほか ●**利用料金**：競技場使用料￥600／h、照明料￥300／h ●**休館日**：月曜日、年末年始
●**交通案内**：JR北陸線「虎姫駅」から徒歩約20分

浅井町

■知っ得スポット

五先賢の館 〈浅井町北野1386　TEL.0749-74-0560〉
海北友松、小堀遠州、片桐且元ら、浅井町ゆかりの5人の先人の偉業を、展示品と映像でわかりやすく紹介しています。館内からは遠州流の庭園が望めます。

①浅井町文化スポーツ公園

〒526-0251　浅井町大依
TEL. 0749-74-3355
FAX. 0749-74-3356

浅井町中央部の約15万㎡におよぶ広大な敷地に、野球場、テニスコート、ふれあいグラウンド、希望の里公園などのスポーツ施設をはじめ、図書館や郷土学習資料館などの文化施設が設置されています。子どもから大人まで、オールシーズン楽しむことができます。
●**施設案内**：テニスコート（本コート7、練習コート1）、野球場、ふれあいグラウンド、芝生・親水広場、希望の郷公園、梅林園、浅井町B＆G海洋センター（②参照）、すぱーく浅井（③参照）ほか●**利用料金**：テニスコート（本コート1面）￥400／h、野球場￥2,000／h、照明料￥2,500／h、ふれあいグラウンド（幼・小・中・高）￥1,000／h～ほか●**休園日**：月曜日、祝日の翌日、年末年始●**交通案内**：長浜I.Cから車で約10分

②浅井町B＆G海洋センター

〒526-0251　浅井町大依
TEL. 0749-74-3355
FAX. 0749-74-3356

　平成元年に完成した施設です。海洋性スポーツ、レクリエーションを通して、体力向上と豊かな人間性を養い、青少年の健全な育成を図ることを目的としています。
●**施設案内**：体育館（アリーナ、トレーニングルーム、ミーティングルームほか）、プール、艇庫ほか●**スポーツ教室・講習会**：水泳教室（小学生対象）など●**利用料金**：アリーナ・半面￥300／h、全面￥500／h、トレーニングルーム￥500／h、ミーティングルーム￥200／h、プール￥200、艇庫￥1,000／h（プール、艇庫は夏期のみ営業）●**休館日**：月曜日、祝日の翌日、年末年始●**交通案内**：長浜I.Cから車で約10分

③スパーク浅井

〒526-0251　浅井町大依
TEL. 0749-74-3355
FAX. 0749-74-3356

屋内ゲートボール施設を中心に、生涯スポーツの振興とコミュニティ活動の育成など、多目的に利用できる施設です。
●**施設案内**：屋内コート2、屋外コート2、クラブハウス、照明設備有●**利用料金**：屋内コート（1面）￥500／h、屋外コート、クラブハウスは無料●**休館日**：月曜日、祝日の翌日、年末年始●**交通案内**：長浜I.Cから車で約10分

④高山キャンプ場

〒526-0201　浅井町高山
TEL. 0749-76-0076

草野川上流にある自然をそのまま生かしたキャンプ場です。バーベキューやキャンプファイヤーでアウトドアを満喫すること

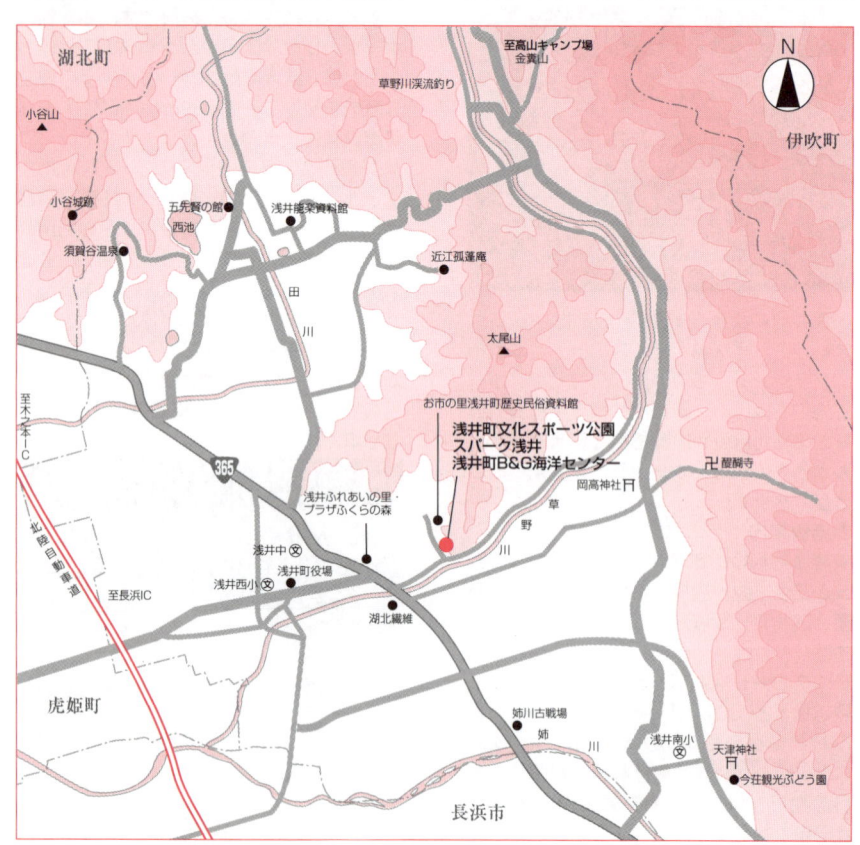

ができます。オートキャンプ場、バンガローも併設されています。●施設案内：テントサイト15張、オートキャンプ場17区画、4人用バンガロー4棟、8人用バンガロー2棟、体験交流室ほか●利用料金：オートキャンプ場（1泊）￥4,000、4人用バンガロー（1泊）￥10,000、8人用バンガロー（1泊）￥20,000ほか●開期期間：4／1～11／30●交通案内：JR「長浜駅」から湖国バス高山線「高山」下車、徒歩約30分

Topics このイベントに注目！

あざいお市マラソン

10月上旬に浅井文化公園で開催され、楽しみながら走ることを目的としたマラソン大会です。ハーフ・5km・2km・2kmファミリーの部があり、参加者には参加賞が、完走者には完走賞が贈られます。
〈問〉（財）浅井町文化スポーツ事業団内お市マラソン実行委員会事務局
TEL.0749-74-3355

びわ町

■知っ得スポット

産直びわ・みずべの里〈びわ町南浜297　TEL.0749-75-5212〉
びわ町産の野菜・果物・水産品の販売と、加工商品の開発・販売を手がける施設です。夏場のぶどうや、湖国の珍味ふな寿司は、観光客からも大人気です。

①奥びわスポーツの森

〒526-0124　びわ町早崎1479
TEL.0749-72-2548

湖周道路沿い、琵琶湖に面して広がるスポーツ施設です。約21haの敷地内には内湖のほかテニスコート、アスレチック設備、グラウンドゴルフコース、プール（夏期のみ）、自由広場、びわ勤労者体育センター（②参照）などのスポーツ施設が揃っています。
●施設案内：多目的運動広場、テニスコート（全天候型4面・クレー2面）、グラウンドゴルフ場、レジャープール（メインプール、ビーチプール、ウォータースライダー）ほか●利用料金：テニスコート（1面）￥650／2hほか●休園日：年末年始●交通案内：JR「長浜駅」から湖国バス（びわ町東西廻り線）「スポーツの森」下車

②びわ勤労者体育センター

〒526-0124　びわ町早崎1479（奥びわスポーツの森内）
TEL.0749-72-3320
TEL.0749－72-2548（利用申込）

中小企業に雇用される勤労者の福祉の増進を図るとともに、勤労意欲を盛り上げ、

雇用の安定に資するため、昭和56年に雇用・能力開発機構との合築により開設されました。
●**施設案内**：アリーナ、談話室ほか●**利用料金**：体育館・¥700／hほか、照明料¥200／h●**休館日**：月曜日、年末年始●**交通案内**：JR「長浜駅」から湖国バス（びわ町東西廻り線）「スポーツの森」下車

③あじさいホール

〒526-0131　びわ町富田431
TEL. 0749-72-2507
TEL. 0749-72-4300（利用申込）

Topics このイベントに注目！

琵琶湖ジョギングコンサート

毎年8月の最終日曜日に開催されます。いまや恒例となったシンガーソングライターの高石ともや氏を招き、ジョギング終了後にはすばらしいステージが披露されます。
〈問〉琵琶湖ジョギングコンサート実行委員会
　　　　　　　（びわ町役場企画調整課内）
TEL.0749-72-5252

会いやふれあいの場を提供し、活気ある地域づくりと温かい人間環境の醸成を図る中核施設として、全天候型屋内グラウンドが設置されました。
●**施設案内**：屋内多目的運動場（町内居住者または町内勤務者のみ利用可能です）●**利用料金**：照明使用料¥500／h●**休館日**：年末年始●**交通案内**：長浜I.Cから車で約20分

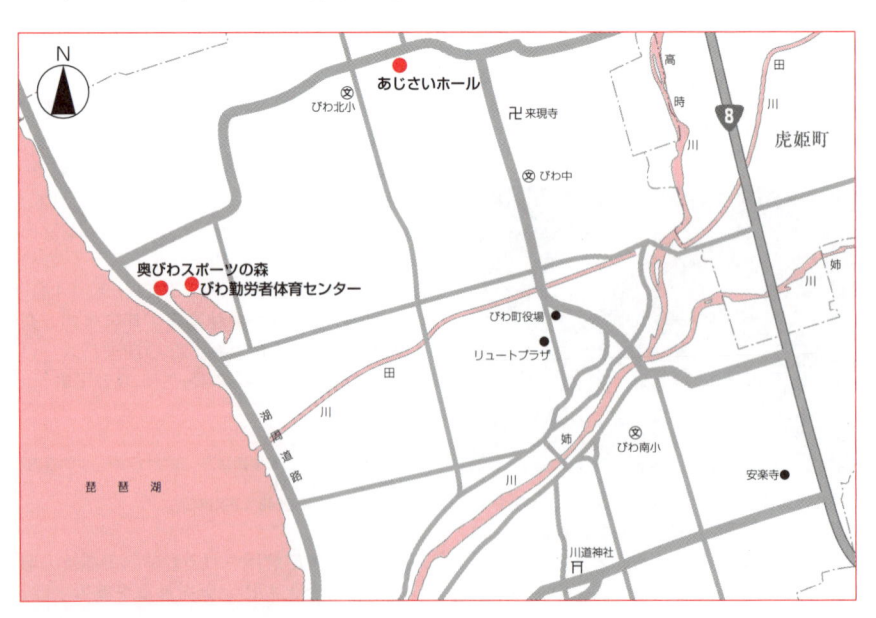

スポーツ、レクリエーションを通した出

湖北町

■知っ得スポット

湖北みずどりステーション〈湖北町今西地先　TEL.0749-79-8060〉
都市と農村の交流の場として、情報発信、地場産業の紹介を行っています。地元特産物の販売所やレストラン等があり、野鳥観察の休憩スポットとして賑わっています。

①湖北町高時川スポーツ公園

〒529-0341　湖北町速水2021
TEL. 0749-78-1001（湖北町教育委員会）
FAX. 0749-78-1617（　　〃　　）

　町民のスポーツの振興と健康の増進及び福祉の向上のため、平成10年に設置されました。自然豊かな高時川の流れを背景に、サッカーやテニスなどのスポーツを楽しめます。
●**施設案内**：多目的グラウンド（サッカー1面）、テニスコート（オムニコート）3、ゲートボール場4、グラウンドゴルフ場（A・Bコース）、仮設トイレ●**スポーツ教室・講習会**：ゲートボール教室●**利用料金**：多目的グラウンド￥1,000／h、テニスコート（1面）￥500／h、ゲートボール場（1面）￥250／h、グラウンドゴルフ場（1面）￥500／h〈町内居住者は無料〉●**休場日**：無休●**交通案内**：JR北陸線「河毛駅」から徒歩約5分

②湖北農村勤労福祉センター

〒529-0341　湖北町速水1210
TEL. 0749-78-1001（湖北町教育委員会）
FAX. 0749-78-1617（　　〃　　）

　地域住民のスポーツ活動の拠点として利用されています。2階部分は卓球室として利用可能です。
●**施設案内**：アリーナ、卓球室、会議室ほか●**利用料金（貸切）**：アリーナ（全面）昼間￥800／h、夜間￥1,200／h（アリーナ半面は各半額）、卓球室・午前￥500、午後￥700、夜間￥1,000ほか●**休館日**：月曜日、年末年始●**交通案内**：JR北陸線「河毛駅」から徒歩約5分

③湖北町水鳥公園

〒529-0365　湖北町今西地先
TEL. 0749-79-1289（湖北野鳥センター）

　湖北町（今西から海老江）のびわ湖岸は、ヨシ原が多く残り、遠浅になっているため多くの野鳥が飛来します。昭和63年には、周辺の湖岸約2.5kmが水鳥公園として整備され、湖北野鳥センターや観察小屋、観察路などの施設が設置されています。平成5

年に琵琶湖がラムサール条約の登録湿地に指定され、平成9年には、琵琶湖水鳥・湿地センターもオープンしています。国の天然記念物オオヒシクイや、コハクチョウ、カイツブリなど、誰でも気軽にバードウォッチングが楽しめます。
●**利用料金**：無料（湖北野鳥センターは入館料中学生以上￥200）●**休園日**：無休※湖北野鳥センター、琵琶湖水鳥・湿地センターは、毎週月・火曜日が休館日（ただし、祝日の場合は順次繰り延べ）●**交通案内**：長浜I.Cから車で約20分／JR北陸本線「河毛駅」からバスで約20分

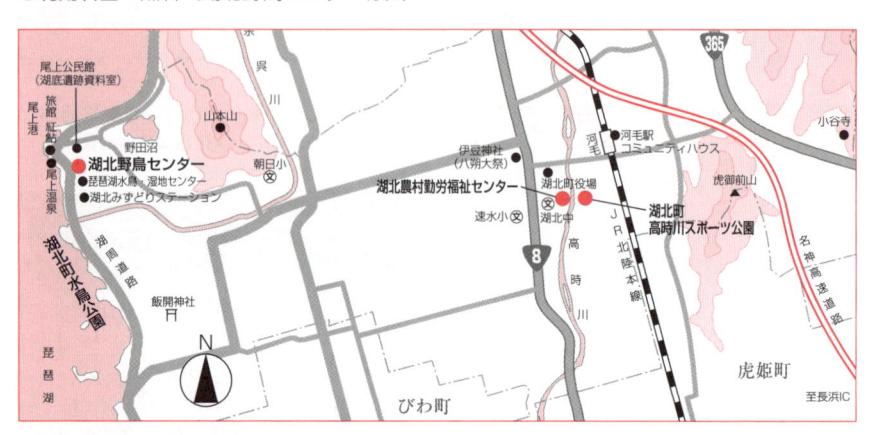

高月町

■**知っ得スポット**

雨森芳洲庵〈高月町雨森1166　TEL.0749-85-5095〉
江戸時代、対朝鮮外交に力を尽くした儒学者・雨森芳洲の生家跡を利用した施設です。芳洲の遺品や著書、資料等が一般に公開されています。

①高月町民体育館

〒529-0263　高月町東柳野3-1
TEL. 0749-85-5314

　昭和53年に竣工した施設です。町内の体育、生涯スポーツ振興の拠点となっています。
●**施設案内**：アリーナ（バレーボール2、バドミントン6、テニス1、バスケットボール2として使用可）、ミーティングルーム2、柔道室1、トレーニングルーム1、卓球場1●**スポーツ教室・講習会**：各種生涯スポーツ事業を実施●**利用料金**：アリーナ・午前￥2,000／h、午後￥4,000／h、その他の施設￥200／h●**休館日**：月曜日、祝日の翌日、年末年始ほか●**交通案内**：JR北陸線「高月駅」から徒歩約20分

②北近江リゾート

〒529-0205　高月町唐川89
TEL. 0749-85-8888
FAX. 0749-85-6333

　温泉と食事が楽しめるレジャー施設です。温泉は「美人の湯」とされ、サウナ、ジャグジー、露天風呂、ラウンジ等が完備されています。食事はバイキングレストラン「北近江」と、創作料理が自慢のワインレストラン「ラ・ピラミッド」、カフェなどがあります。

●施設案内：温泉（大浴場、露天風呂、打たせ湯、ジャグジー、サウナ等）、飲食施設ほか●利用料金：入浴料￥900（土日祝日は￥1,200）ほか●休館日：毎月第1・第3火曜日（祝日、祭日は除く）●交通案内：木之本I.Cから車で約5分

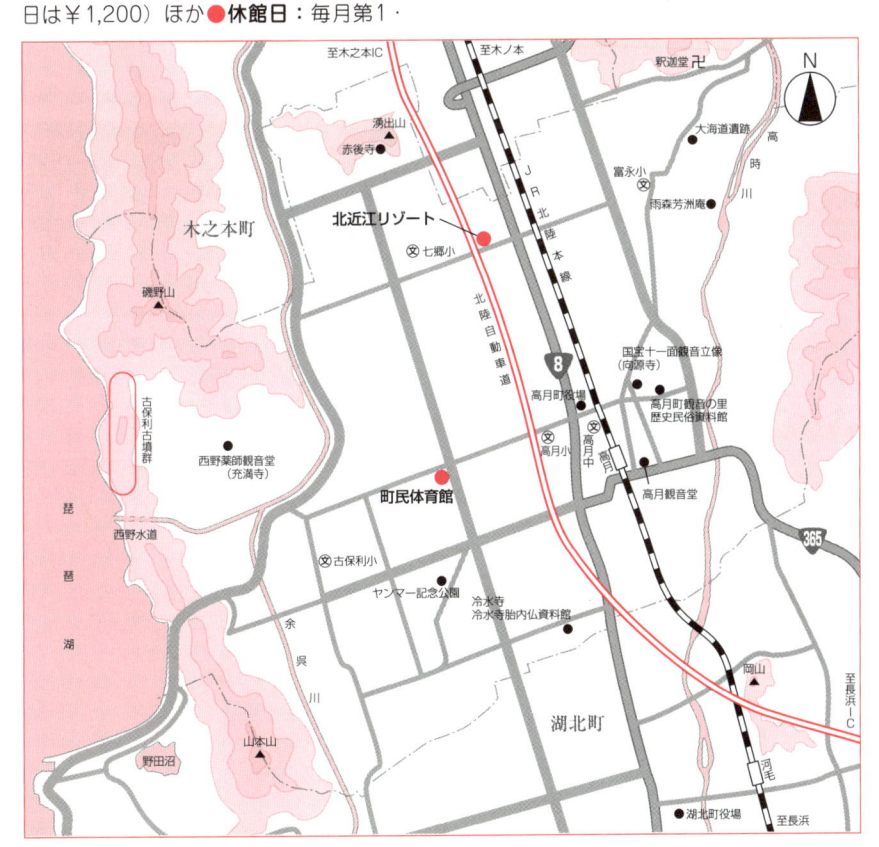

Topics このイベントに注目！

高時川こいのぼりマラソン

毎年5月のゴールデンウィークに開催されます。たくさんの"こいのぼり"が泳ぐ河川敷を、みんなで楽しく走ろうというマラソン大会です。3kmのファミリーコースと、8kmのドラゴンコースがあります。
〈問〉高月町役場地域整備課
TEL.0749-85-6406

木之本町

■知っ得スポット

木之本地蔵院〈木之本町木之本944　TEL.0749-82-2106〉
日本三大地蔵尊の一つである像高約6mのお地蔵様は、眼病の仏様として知られ、遠方からも多くの参拝客が訪れます。毎年8月の地蔵縁日は、全国的にも有名です。

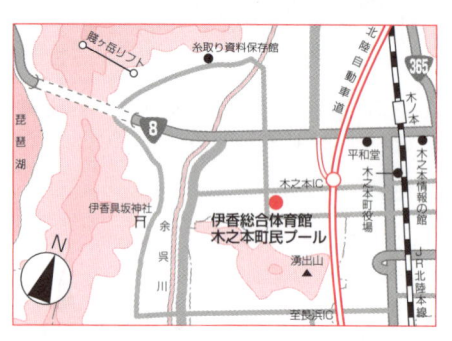

①伊香総合体育館

〒529-0433　木之本町西山183-3
TEL. 0749-82-4119

　昭和56年に開催された「びわこ国体」の柔道会場として開設された施設です。現在も、柔道や剣道の大会等が多数開催されています。
●施設案内：アリーナ、トレーニング室、更衣室、シャワーほか●利用料金：アリーナ（半面）午前￥500、午後￥800、夜間￥1,000●休館日：月曜日●交通案内：木之本I.Cから車で約5分

②木之本町民プール

〒529-0433　木之本町木之本2101-1
TEL. 0749-82-4324

　昭和51年にオープンした屋外プール施設です。7月20日から8月20日までの開放期間中は無休で、水泳教室などが開催されます。
●施設案内：児童プール、25ｍプール、50ｍプールほか●スポーツ教室・講習会：水泳教室など●利用料金：￥100●休館日：期間中無休●交通案内：木之本I.Cから車で約5分

③大見いこいの広場

〒529-0415　滋賀県伊香郡木之本町大見648
TEL. 0749-82-2500
FAX. 0749-82-2900
URL http://www.biwa.ne.jp/^yumekosh/ikoi.html

　山あいの豊かな自然の中、テニスやキャンプなど幅広く利用できる野外活動施設です。コテージ・ヴィラやオートキャンプ場、フリーキャンプ場、バーベキューテラス、

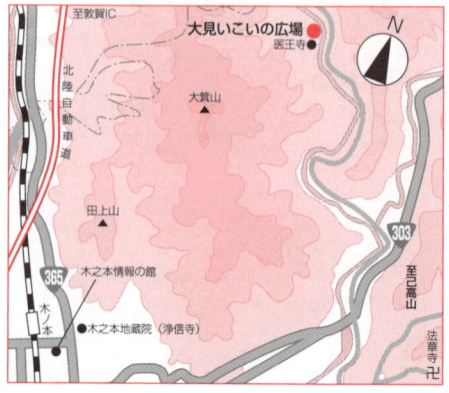

テニスコートなどが整備されています。また、テニスラケット、テント、レンタサイクルなどの貸し出しも行われています。
●**施設案内**：ヴィラ10棟、コテージ（洋室3・和室5）、オートキャンプ場30区画、フリーキャンプ場10張、テニスコート（全天候型4面）、バーベキューテラス、土間式体育館、トリムコーナーほか●**利用料金（トップシーズン）**：コテージ（定員2）¥8,000、ヴィラ（定員6）¥21,000、オートキャンプ場（1泊）¥6,000、フリーキャンプ場（1泊1張）¥1,000、テニスコート（1面）昼間¥500／h、ナイター¥500／h、バーベキューテラス（1卓）¥2,000／2h、土間式体育館¥500／h、照明料¥500／

Topics このイベントに注目！

てくてく木之本

日本三大地蔵に数えられる木之本地蔵院や、北国街道のうだつの町並み、さらに十一面観音像で知られる石道寺や黒田観音寺など、木之本の見どころをチェックポイントにしたウォーキングイベントです。毎年11月頃、開催されます。〈問〉てくてくきのもと実行委員会（木之本町教育委員会内）TEL.0749-82-2411

hほか●**休業日**：無休●**交通案内**：木之本I.Cから車で約15分、JR北陸線「木ノ本駅」からタクシーで約15分

余呉町

■**知っ得スポット**

茶わん祭の館〈余呉町上丹生3224　TEL.0749-86-8022〉
天女の羽衣伝説が伝わる余呉町の町の姿が紹介されています。中でも町内、丹生神社の奇祭「茶わん祭」に登場する茶碗や皿、花瓶などを積み上げた山車のレプリカが見ものです。

①ウッディパル余呉

〒529-0515　余呉町中之郷
TEL.0749-86-4145
FAX.0749-86-4545
URL http://www2.cny.ne.jp/kankou-y/01_YOGO_KYOKAI_001.html

四季を通じて変化する豊かな自然の中、ゆとりある時間を楽しむことができるよう、コテージやレストラン、テニスコートなどのスポーツ施設や娯楽施設等があります。また、冬季には赤子山スキー場のファミリーゲレンデで、スキーやソリ遊びが楽しめます。
●**施設案内**：コテージ6人用（バス無）5棟、（バス付）2棟、コテージ12人用（バス無）1棟、（バス付）3棟、森林文化交流センター（研修宿泊施設）定員50名、キャンプ場28区画、木工クラフト工房、テニスコート6（うち夜間照明有3）、バトルアスレチック、パターゴルフ（全27ホール）、赤子山スキー場ファミリーゲレンデ●**スポーツ教室・講習会**：体験教室、自然教室など多種
●**利用料金**：（宿泊）コテージ6人用（バス

無）¥13,000、（バス付）¥16,000、コテージ12人用（バス無）¥23,000、（バス付）¥29,000〈日・祝日の前日、ゴールデンウィーク、夏休み、年末年始の期間中は別設定〉、森林文化交流センター（宿泊研修1人）¥3,000ほか、パットゴルフ¥1,000／回、バトルアスレチック¥500／回、キャンプ場（テント持込1張）¥2,500、テニスコート¥1,000／hほか●**休館日**：火曜日（祝日の場合は翌日）、コテージは無休●**交通案内**：木之本I.Cから車で約13分

②余呉高原リゾート

〒529-0531　余呉町中河内栃ノ木峠373
TEL. 0749-86-3000（テレホンサービス）
TEL. 0749-86-3001
FAX. 0749-86-3733
URL http://www.yogo45.co.jp

　関西屈指の積雪と良質の雪質が特徴です。初心者から上級者まで満足できる5つのステージがあり、最長ゲレンデは1100mです。さらにスノーボードパークもオープンしました。
●**施設案内**：ゲレンデ（5コースとスノーボード専用ゲレンデ）、レストハウス、スキー・スノーボードレンタル●**スポーツ教室・講習会**：各種スクールあり●**利用料金**：リフト1日券¥4,000ほか●**休場日**：滑走可能期間中は無休●**交通案内**：木之本I.Cから約27km

③余呉湖キャンプ場

〒529-0541　余呉町余呉湖畔
TEL. 0749-86-2480
URL http://www.ohmitetudo.co.jp/syukusya/yogoko/

　余呉湖観光の拠点に最適な国民宿泊余呉湖荘に併設された施設です。プール、テニスコート、テントサイトなどがあり、気軽にスポーツに親しめるほか、余呉湖荘のお風呂を利用することもできます。目の前には余呉湖の眺望が広がり、背後には「七本槍」で知られる賤ヶ岳がそびえる抜群のロケーションです。
●**施設案内**：バンガロー（5人用）23棟、持込テントサイト、共同炊事場、テニスコート2、プール、更衣室、売店ほか●**利用料金**：バンガロー（1泊）¥8,000〜、持込テントサイト（1張1泊）¥2,000〜〈トップシーズンは別設定〉、屋外プール（夏休み期間中のみ）¥650、テニスコート（1面半日）¥3,150、レンタサイクル（半日）¥840●**お風呂利用料**：¥400ほか●**交通案内**：JR北陸線「余呉駅」から徒歩約40分

④余呉湖のワカサギ釣り

〒529-0523　余呉町川並2380-1（余呉湖漁業協同組合）
TEL. 0749-86-3033
URL http://www2.cny.ne.jp/kankou-y/01_YOGO_KYOKAI_001.html

毎年11月下旬から3月中旬にかけてがワカサギのシーズンです。ワカサギは群れになって泳いでいるので、初心者でも簡単に釣ることができます。さおや仕掛けは桟橋入り口で販売されているので、手ぶらでも楽しめます。

●施設案内：釣り桟橋、竿・仕掛け、えさの販売●利用料金：入漁料：￥1,300、竿（買取）￥800、仕掛け￥300、えさ・アカムシ￥150、サシムシ￥100●休場日：シーズン中無休●交通案内：JR北陸線「余呉駅」から約0.7km／木之本I.Cから車で約10分

Topics このイベントに注目！

余呉湖健康マラソン

美しい余呉湖の自然を舞台に、ベビーカーを押したお母さんから本格志向のランナーまで、幅広い層が参加できる4つのコース（ファミリーコース、エンジョイコース、羽衣コース、チャレンジコース）があります。
〈問〉余呉湖健康マラソン実行委員会
　　　（余呉町教育委員会事務局内）
TEL.0749-86-3221

西浅井町

■知っ得スポット

北淡海・丸子船の館〈西浅井町大浦582　TEL.0749-89-1130〉
かつて、湖上輸送の主役として活躍した丸子船をメインテーマとする資料館です。現存する丸子船の展示を中心に、貴重な資料の数々が公開されています。

①ふれあいスポーツセンター

〒529-0792　西浅井町大浦2590
TEL. 0749-89-1121（西浅井町教育委員会）
FAX. 0749-89-0585（　〃　）
URL http://www.town.nishiazai.shiga.jp/

「ふれあいスポーツセンター」の名称は、町民からの公募で決定したものです。スポーツ、エクササイズを通じた体力づくりの場として、また、地域コミュニティの活動拠点として広く親しまれています。

●施設案内：アリーナ、観覧席、トレーニングルーム、わんぱくルーム、多目的ホール、会議室ほか●スポーツ教室・講習会：

トレーニング講習会、エアロビクス教室、ニュースポーツ教室など●**利用料金**：アリーナ（半面）￥500／h、（全面）￥1,000／hほか〈17時以降は記載料金の2倍〉●**休館日**：年末年始●**交通案内**：JR湖西線「永原駅」から徒歩約3分

②町民グラウンドゴルフ場

〒529-0792　西浅井町大浦2590
TEL. 0749-89-1121（西浅井町教育委員会）
FAX. 0749-89-0585（　　〃　　）

誰でも気軽に楽しくグラウンドゴルフに親しみ、健康な体づくりと地域の交流の場となることを目的して開場された施設です。
●**施設案内**：全9ホール（芝）、貸スティック、ボール有（パットゴルフも可）●**スポーツ教室・イベント**：町民グラウンドゴルフ大会など●**利用料金**：1回￥500ほか●**休場日**：年末年始●**交通案内**：JR湖西線「永原駅」から徒歩約3分

③西浅井格技場

〒529-0701　西浅井町塩津浜1458
TEL. 0749-89-1121（西浅井町教育委員会）
FAX. 0749-89-0585（　　〃　　）

町の武道の拠点として、スポーツ少年団や中学校の部活動などに盛んに利用されています。また、町民柔道剣道練成大会などの大会も開かれ、交流の場としても活用されています。
●**施設案内**：柔道場1、剣道場1●**利用料金**：￥500／h〈17時以降は￥1,000／h〉ほか●**休館日**：年末年始●**交通案内**：JR北陸線「近江塩津駅」からバス「塩津北口」下車、徒歩約5分

④農山漁村体験交流施設「Rantaの館」

〒529-0726　西浅井町菅浦580
TEL. 0749-89-0350
URL http://www.town.nishiazai.shiga.jp/

年間を通じて星空観察や木工クラフト、芋掘り体験などを楽しむことができます。2階には琵琶湖や竹生島を一望できる展望風呂があり、雄大な景色を楽しめます。入浴だけでも利用できます。
●**施設案内**：体験実習室、調理実習室、展望露天風呂ほか●**体験学習**：湖上遊覧、魚釣り、山菜取り、芋掘り、星空観察会、炭焼き体験など●**利用料金**：全館利用￥1,000／h、入浴のみ￥300（タオル付￥500）●**休館日**：無休●**交通案内**：JR湖西線「永原駅」とJR北陸線「近江塩津駅」から送迎者有り

Topics このイベントに注目！

奥びわ湖健康マラソン

毎年5月の第3日曜日に開催され、西浅井町役場前を会場に1.5km・5km・15kmの3つのコースに分かれています。フィヨルド景観を楽しみながら走る爽快感は格別で、町内外の参加者から人気を呼んでいます。
〈問〉西浅井町教育委員会
TEL.0749-89-1121

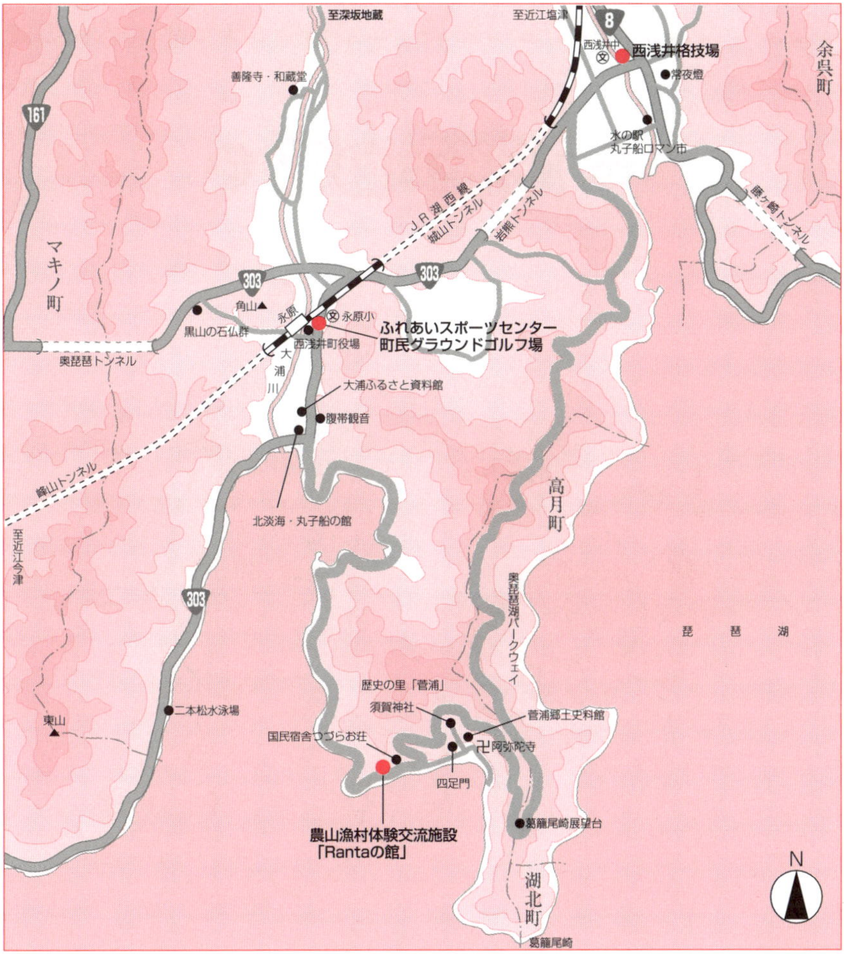
至深坂地蔵
至近江塩津
8
西浅井中
西浅井格技場
常夜燈
余呉町
善隆寺・和蔵堂
161
水の駅
丸子船ロマン市
JR湖西線
城山トンネル
岩熊トンネル
藤ケ崎トンネル
マキノ町
303
303
角山
永原
永原小
ふれあいスポーツセンター
町民グラウンドゴルフ場
黒山の石仏群
西浅井町役場
奥琵琶トンネル
大浦川
大浦ふるさと資料館
腹帯観音
峰山トンネル
北淡海・丸子船の館
高月町
至近江今津
303
奥琵琶湖パークウェイ
琵琶湖
歴史の里「菅浦」
須賀神社
菅浦郷土史料館
阿弥陀寺
二本松水泳場
東山
国民宿舎つづらお荘
四足門
葛籠尾崎展望台
農山漁村体験交流施設
「Rantaの館」
N
湖北町
葛籠尾崎

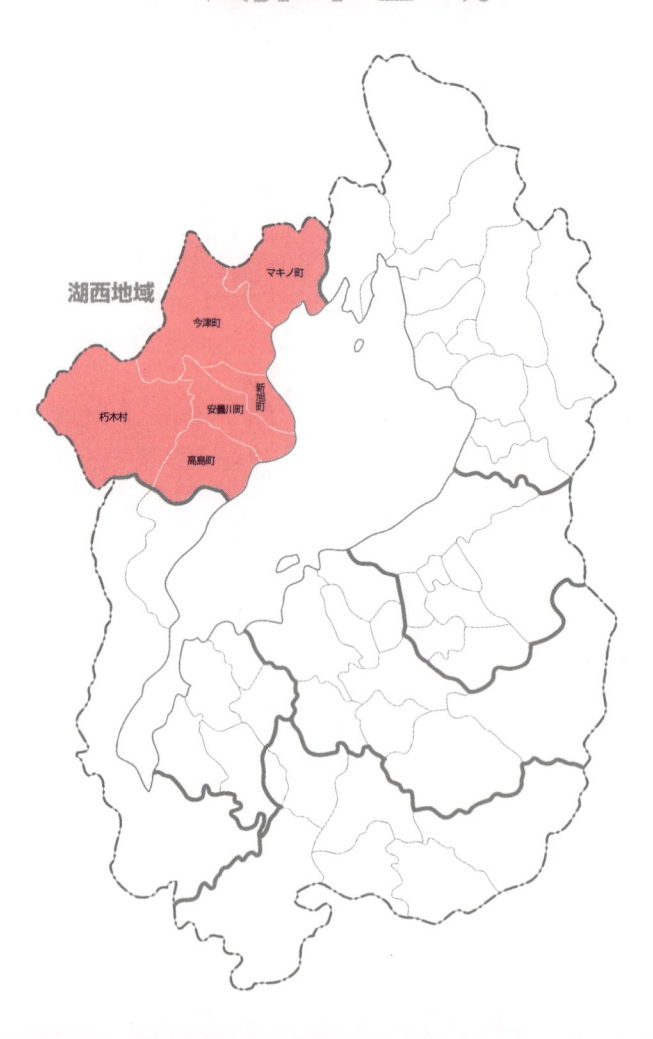

● 湖西地域 ●

湖西地域

マキノ町
今津町
新旭町
朽木村
安曇川町
高島町

高島町

■知っ得スポット

高島アイルランド交流館「びれっじ」〈高島町勝野1400　TEL.0740-36-1266〉
高島町の友好国アイルランドにちなんだ施設です。古い商家を再生し、アイリッシュパブやカフェ、ガラスやキャンドルなどの体験工房が設けられています。

①高島町B&G海洋センター

〒520-1103　高島町宮野1516
TEL.0740-36-1370
FAX.0740-36-8133

　昭和60年にB&G財団により開設され、昭和63年に高島町に譲渡されました。以降、町の体育・スポーツ振興の拠点として利用されています。町外居住者の利用も可能です。

●**施設案内**：アリーナ、会議室、運動公園グラウンド、プールほか　●**イベント**：びわこミニトライアスロンin高島大会、ガリバーマラソン大会など　●**利用料金**：第1体育館（半日）¥4,000、第2体育館（半日）¥2,000、グラウンド（半日）¥6,000、プール¥300ほか　●**休館日**：月曜日　●**交通案内**：JR湖西線「近江高島駅」から徒歩

約20分

②ガリバー青少年旅行村

〒520-1142　高島町鹿ヶ瀬987-1
TEL.0740-36-2001（高島町企画振興課）
FAX.0740-36-1456（　〃　）

　武奈ヶ岳北部に広がるレクリエーション施設です。ガリバーハウスを中心に、大人の国、小人の国、強者の国、博識の国、遊技の国の5つの国から構成されます。ローラー滑り台やラピュタの砦などの遊具が人気の他、コテージ、バンガロー等の宿泊施設も充実しています。

●**施設案内**：オートキャンプ場（18区画）、コテージA（5棟）・B（7棟）、キャビン（4棟）、バンガローA（5棟・）B（2棟）・C（5棟）、ロッジ、管理棟、ガリバーハウス（フロント、レストラン、シャワ

一室ほか)、アスレチック遊具ほか●**利用料金**：入村料¥400、宿泊施設については要問合せ●**開村期間**：4／1～11／30●**交通案内**：JR湖西線「近江高島駅」から車で約20分

Topics このイベントに注目！

ガリバーマラソン
毎年10月下旬の日曜日に開催されます。10kmと3kmの2コースから選べ、コースの高低差約400mを楽しみながら完走をめざしましょう。
〈問〉高島町B＆G海洋センター
TEL.0740-36-1370

びわこミニトライアスロンin高島
毎年、6月もしくは7月に開催されます。スイム600m、バイク24km、ランク7kmのミニトライアスロンで、トライアスロン初心者にもおすすめです。平成元年の初開催以来、年々人気度を増しています。
〈問〉大会事務局
TEL.0740-36-1370

安曇川町

■**知っ得スポット**
近江聖人中江藤樹記念館〈安曇川町小川69　TEL.0740-32-0330〉
日本陽明学の始祖・中江藤樹に関する資料や遺品が展示されています。付近には藤樹書院や陽明学の始祖・王陽明の生誕地、中国浙江省余姚市との友好交流を記念した中国式庭園「陽明園」があります。

①県立びわ湖こどもの国

〒520-1232　安曇川町北船木2981
TEL. 0740-34-1392
FAX. 0740-34-1395
URL http://www.biwa.ne.jp/~kodomo92/

　宿泊やクライミングホールなど、「虹の家」を中心施設として多彩な楽しみ方ができます。芝生広場や木製アスレチック、冒険水路、変わり種自転車など、子どものための施設が充実しています。又、琵琶湖で水泳や、キャンプもできます。
●**施設案内**：虹の家（大宿泊室（定員20名）、小宿泊室（定員6名）、ワークショップ室、研修室、食堂、浴室ほか）、テントの森（3～10月開設）、キャンピングステーショ

ン、水泳場（7／20〜8／31）、冒険水路、芝生広場、創造の丘（大型木製遊具）、サイクリングステーション（変わり種自転車など）ほか●**利用料金**：入園無料（駐車場は有料）、虹の家（宿泊）大宿泊室￥880、小宿泊室￥1,350、テントの森（宿泊）貸出テント￥1,660、持込テント￥900ほか〈県外居住者は記載料金の2倍〉●**休園日**：月曜日、第2火曜日、祝日の翌日、年末年始（※但し7／21〜8／31と3／25〜4／7は無休）●**交通案内**：JR湖西線「安曇川駅」からタクシーで約10分

②安曇川町総合体育館

〒520-1217　安曇川町田中630-1
TEL. 0740-33-1515
FAX. 0740-33-8018

　昭和56年に開催されたびわこ国体を記念して開館されました。町民のスポーツ振興の拠点として、町のスポーツ少年団やスポーツクラブサークルなど、多くの町民に利用されています。
●**施設案内**：1F・小体育室、格技室（柔剣道）、会議室ほか、2F・アリーナ●**スポーツ教室・講習会**：一般町民を対象としたスポーツ教室、すこやかスポーツ広場など
●**利用料金**：体育館（1コートあたり）￥600／h、小体育室￥400／h、格技室￥400／h〈町民のみ利用可能〉●**休館日**：年末年始●**交通案内**：JR湖西線「安曇川駅」から徒歩約15分

③健康の森梅ノ子運動公園

〒520-1203　安曇川町南古賀、常磐木地内
TEL. 0740-33-1515
FAX. 0740-33-8018

　老若男女を問わず、町民誰もが生涯にわたる健康づくり、体力づくりができる健康管理の総合拠点施設です。多目的グラウンドやゲートボール場、テニスコート、大型複合遊具等が設けられ、照明設備も完備されています。
●**施設案内**：多目的グラウンド（照明設備

Topics このイベントに注目！

琵琶湖横断熱気球レース

　毎年11月の中旬に開催されます。安曇川から琵琶湖の対岸の能登川まで、目標地点までの正確さを競い合うレースで、毎年11月の中旬に行われ、日本気球連盟公認の大会としては、北海道大会に次いで古いものとなっています。町内の近江白浜から琵琶湖の対岸の能登川町までを、全国から参加した約30基が横断しますが、気象条件等により横断できない場合は町内レースが行われ、気球の操縦技術で勝敗が争われます。併せてフォトコンテストや熱気球の試乗会等も行われます。
〈問〉安曇川町観光協会
TEL.0740-32-1002

有)、ゲートボールコート2、テニスコート4(砂入人口芝、照明設備有)、大型複合遊具、管理センター(体力テスト室、更衣室)●スポーツ教室・講習会：町民運動会、野球大会、ソフトボール大会、サッカー大会、マラソン大会など●利用料金：多目的グラウンド(半面)￥500／h、ゲートボール場(1コート)￥500／h、照明使用料(半面)野球￥750／30分、ソフトボール￥500／30分、テニスコート(1面)￥500／h、照明使用料(1面)￥250／h〈町外居住者は記載料金の2倍。ただし多目的グラウンドの照明使用料(半面)野球￥1,500／30分〉●休館日：月曜日(休日の場合は翌日)、年末年始●交通案内：JR湖西線「安曇川駅」から徒歩約30分

新旭町

■**知っ得スポット**
新旭町水鳥観察センター〈新旭町饗庭1600-1　TEL.0740-25-5803〉
初冬から春先にかけて、コハクチョウやオオバンの大群を見られることもあり、注目されているエリアです。ガラス張りの館内から水鳥観察ができます。

①風車村キャンプ場

〒520-1511　新旭町藁園336
TEL. 0740-25-6464(新旭町観光協会)
FAX. 0740-25-5631(　〃　)

　道の駅新旭風車村内にあるキャンプ場です。公園のシンボルとなっている3基の大風車や、6月上旬から7月上旬にかけて開花時期を迎える花菖蒲園など、見どころが沢山あります。目の前には琵琶湖が広がり、バーベキューなどアウトドアに最適です。
●施設案内：テント約20張、炊事施設、釜戸、トイレほか●利用料金：キャンプ場使用料￥300／日、貸テント(4人用、6人用とも・1張)￥1,000●営業期間：4／1〜10／31●交通案内：JR湖西線「新旭駅」からバス「風車村」下車(駅前レンタサイクル有)

②六ツ矢崎浜オートキャンプ場

〒520-1511　新旭町深溝
TEL. 0740-25-6464(新旭町観光協会)
FAX. 0740-25-5631(　〃　)

　琵琶湖の西岸にあるキャンプ場で、道の駅新旭風車村にほど近い、琵琶湖ビーチキャンプのセントラルエリアです。水遊びやバーベキューなど、アウトドアライフを満喫できます。
●施設案内：収容車台数約150台(貸テント有)、炊事等、冷水シャワー、トイレほか●利用料金：キャンプ場使用料￥300／日、貸テント(4人用、6人用とも・1張)￥1,000、駐車料金￥1,000／台●営業期間：4／1〜10／31●交通案内：JR湖西線「新旭駅」からバス「風車村」下車、徒歩約10分(駅前レンタサイクル有)

③新旭町民体育館

〒520-1501　新旭町旭818
TEL.0740-25-8149
FAX.0740-25-8104

　昭和47年に開設された施設です。町の中心部に位置し、スポーツに親しむ全町民の躍動と交流の場として、幅広く利用されています。
●施設案内：バレーボールコート2、バスケットボールコート2、バドミントンコート6、ステージほか●スポーツ教室・講習会：町民ピーチボール大会（講習会）、バドミントン教室など●利用料金：バドミントンコート（1面）￥1,000、バレーコート（1面）￥3,000、テニスコート（1面）￥6,000（単位区分は午前・午後・夜間）〈町内居住者は無料〉●休館日：火曜日、年末年始●交通案内：JR湖西線「新旭駅」から徒歩約5分

④新旭町武道館

〒520-1501　新旭町旭820
TEL.0740-25-8149
FAX.0740-25-8104

　町民体育館に隣接した施設です。剣道・空手道・居合道に親しむ町民の活動拠点として利用されています。
●施設案内：剣道場2、和室（21畳）、更衣室など●利用料金：剣道場（1面）￥2,000（単位区分は午前・午後・夜間）〈町内居住者は無料〉●休館日：火曜日、年末年始●交通案内：JR湖西線「新旭駅」から徒歩約5分

⑤新旭町森林スポーツ公園

〒520-1532　新旭町熊野本245
TEL＆FAX.0740-25-3927

　昭和61年に完成した自然に囲まれたスポーツ施設です。野球場、テニスコート、多目的グラウンドなどが整備されています。
●施設案内：野球場1面（全日本軟式野球連盟第1種公認野球場）、多目的グラウンド（ソフトボール2面、ゲートボール8面、照明設備有）、テニスコート（砂入人工芝4面、

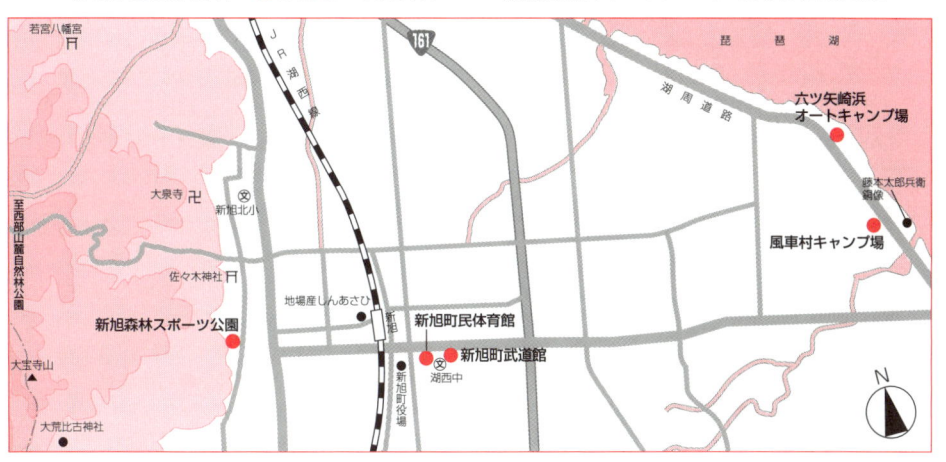

クレイコート4面、照明設備有）●**スポーツ教室・講習会**：ナイターテニス教室など●**利用料金**：野球場￥8,000、多目的グラウンド￥5,000（単位区分は午前・午後・夜間）、テニスコート・砂入人工芝￥1,000／h、クレイコート￥600／h〈町内居住者は無料〉●**休園日**：火曜日、年末年始●**交通案内**：JR湖西線「新旭駅」から徒歩約10分

⑥西部山麓自然林公園

〒520-1532　新旭町熊野本651
TEL. 0740-25-8126
FAX. 0740-25-8103

　平成6年に策定された新旭町西部山麓自然林公園構想の一つとして整備されたもので、森林スポーツ公園をスタートし、清水山城跡、山の駅を経て大泉寺に至る約3kmのハイキングコースです。気軽に自然と親しめる施設になっています。
●**施設案内**：休憩施設、簡易トイレ2カ所設置●**利用料金**：無料●**交通案内**：JR湖西線「新旭駅」から徒歩約15分

朽木村

■**知っ得スポット**

丸八百貨店〈朽木村市場　TEL.0740-38-3711〉
昭和8年築の木造洋館で、国の登録文化財に指定されています。無料休憩所のほか特産品の販売や書店、喫茶・バブ、展示用ギャラリーなどが設けられています。

①グリーンパーク想い出の森

〒520-1415　朽木村柏341-3
TEL. 0740-38-2770
FAX. 0740-38-2785
URL http://www.kutsuki.or.jp

　テニスコート、多目的グラウンドや体育館をはじめ、イワナの薫製や木工品等を加工している想い出工場などがあります。また、施設内から湧出した温泉「くつき温泉てんくう」も人気を呼んでいます。
●**施設案内**：テニスコート7面、体育館、多目的グラウンド、杉の子プール、丸太遊具施設、くつき温泉てんくう（温水プール、渓流湯、滝湯、露天風呂、サウナ、大浴場ほか）、山荘くつき、キャビン、テントサイト、バンガロー（小棟・大棟）、炭火焼ガーデン、レストランほか●**利用料金**：山荘くつき（1泊素泊まり）￥4,000～、キャビン（小棟・定員4名）￥16,000、テン

トサイト（1張）¥6,000、バンガロー（小棟・定員4名）¥16,000〜、おふろゾーン¥600、プールゾーン¥1,000ほか●**休館日**：春休みと夏休み期間中を除く月曜日（祝日の場合は翌日）、その他休み有、年末年始●**交通案内**：JR湖西線「安曇川駅」からバス「朽木役場前」下車、シャトルバス7分

②朽木いきものふれあいの里

〒520-1415　朽木村柏341-3
TEL. 0740-38-3110
FAX. 0740-38-3212
URL http://www.biwa.ne.jp/~k-fureai/ind3.htm

「ふれあいの里センター」には自然と交流するための「きっかけ」や「見方、考え方」を中心とした展示があり、周辺のセンターゾーンにはキツネの気分を味わえるキツネの巣やふれあいの池、観察園などの施設があります。小動物が生息する環境の中、自然の息吹を体感できるスポットです。

●**施設案内**：ふれあいの里センター、ふれあいの広場、ふれあいの森、樹木観察園、自然観察ゾーンほか●**講習会**：ふれあい観察会など各種観察会、講習会を開催●**利用料金**：センター入館料無料●**休館日**：月曜日（祝日の場合は翌日）、年末年始●**交通案内**：JR湖西線「安曇川駅」からバス「朽木村役場前」下車、徒歩約30分

③朽木村オートキャンプ場

〒520-1415　朽木村柏
TEL. 0740-38-2215
FAX. 0740-38-3277

近年のアウトドアブームを背景に、朽木

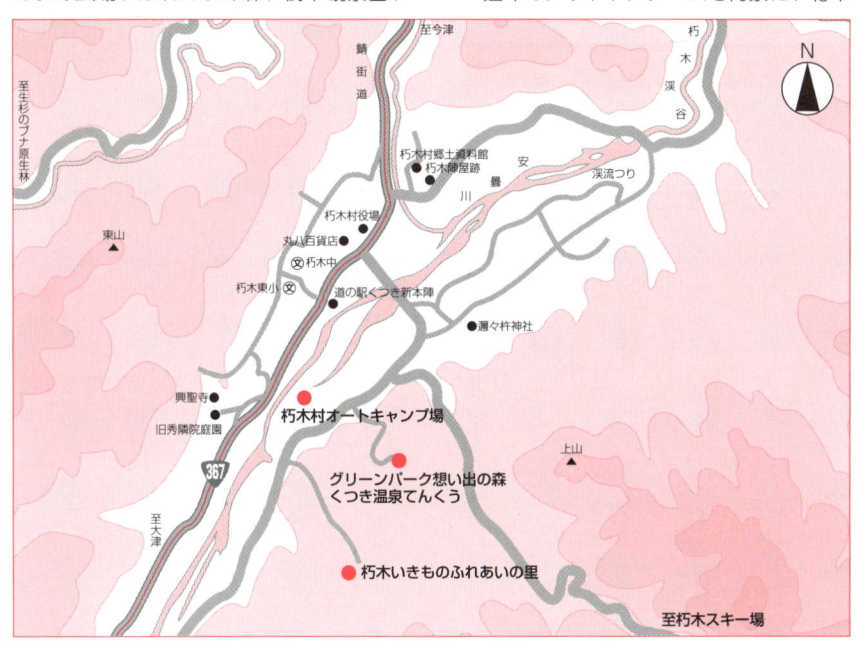

村内の雄大な渓谷を周近に、キャンプ等が楽しめるよう整備された施設です。若者や家族連れが安心して過ごせるよう、諸設備が完備されています。
●施設案内：テントサイト（電気・水道有り23区画、電気・水道なし24区画）、シャワールーム（男女各3）、クッキングサイト1棟ほか ●利用料金：電気・水道有り¥4,000（日帰り¥3,000）、電気・水道なし¥3,000（日帰り¥2,000）●営業期間：4月〜10月末日 ●交通案内：JR「安曇川駅」から車で約30分

④朽木スキー場

〒520-1414　朽木村宮前坊
TEL. 0740-38-2323
FAX. 0740-38-2785
URL http://www.kutsuki.or.jp

昭和57年に開設された施設で、家族連れから上級者まで楽しめる広いゲレンデと長いスロープが特徴です。また、キッズゲレンデが整備されていますので、小さい子供さんも安心して遊べます。

Topics このイベントに注目！

森林浴朽木フェスティバル

毎年5月の初旬に開催されるイベントで、新緑の小道を行くハイキングや、渓流での釣り大会などが開催されます。

朽木ふる里まつり

毎年8月14日に開催されます。安曇川を下る豪快な筏流しや魚のつかみどり、宝さがし、花火大会などが催されます。

ビレッジウォークin朽木

山菜料理を楽しむ集いやブナ原生林ハイキング、里山ウォーク、登山など多彩な催しが10月中旬から11月中旬にかけて開催されます。

西日本歩くスキー
朽木スノーフェスティバル

毎年2月中旬に開催される雪上マラソン大会です。距離別に3コースが設定されています。
〈問〉朽木村観光協会
TEL.0740-38-2398

●施設案内：第1・2・3リフト、カフェテリア、食堂、救護室、管理事務所ほか ●利用料金：駐車料金¥1,000、リフト1日券¥3,200、レンタルスキー¥3,000、レンタルスノーボード¥4,000ほか ●営業期間：12月下旬〜3月中旬（期間中無休）※スノーボードは全日、全面滑走できます。

今津町

■知っ得スポット

体験交流センター「ゆめの」手ほどき工房「センバイ」〈今津町日置前2435-3　TEL.0740-22-5556〉
総合運動公園内にあり、都市と農村の交流を目的としています。「センバイ」ではソバ打ち体験ができ、打ったソバをその場で味わえます。

①今津町総合運動公園

〒520-1655　今津町日置前3103
TEL. 0740-22-5555
FAX. 0740-22-5566
URL http://www1.ocn.ne.jp/~hibari/

箱館山の麓に広がる運動公園は、野球場をはじめ3つのグラウンド、テニスコート（②参照）、屋内ゲートボール場、屋内温水プール（③参照）、体験交流施設等を備えています。今津町のスポーツ拠点として大勢の人々に親しまれています。

●**施設案内**：野球場、第1・2・3グラウンド、芝生広場、体験交流センターゆめの（レストラン等）、そば打ち道場ほか●**利用料金**：野球場￥3,000／h、第1グラウンド￥10,000／日、第2グラウンド￥20,000／日、第3グラウンド￥10,000／日ほか●**休園日**：年末年始●**交通案内**：JR湖西線「近江今津駅」から運動公園行きバスで約15分

②サン・スポーツランド今津

〒520-1655　今津町日置前3103
TEL. 0740-22-5555
FAX. 0740-22-5566
URL http://www1.ocn.ne.jp/~hibari/

オムニコート10面があり、大会や合宿にも利用できます。また、全コートナイター設備があり、仕事帰りでもゆっくり楽しめます。併設のクラブハウスは憩いの場として利用できます。

●**施設案内**：オムニコート10、クラブハウス（更衣室、トイレ）●**利用料金**：（1面）￥1,000／h、照明料：（1面）￥500／h●**休館日**：年末年始●**交通案内**：JR湖西線「近江今津駅」から運動公園行きバスで約15分

③今津町B＆G海洋センター

〒520-1655　今津町日置前3103
TEL. 0740-22-5555
FAX. 0740-22-5566
URL http://www1.ocn.ne.jp/~hibari/

一定の室温と水温が保たれ、1年を通じて健康づくりができます。25m×6コースのメインプールの他、幼児プール、ジャグジー、採暖室などがあります。

●**施設案内**：プール（25m×6コース・幼児用）、ジャグジー、採暖室●**スポーツ教室・講習会**：親子教室、ジュニア教室、成人教室、おはようコース、選手育成コース、

アクアビクス教室など●利用料金：￥500
●休館日：4月第2月曜日、年末年始●交通案内：JR湖西線「近江今津駅」から運動公園行きバスで約15分

④箱館山スキー場

〒520-1655　今津町日置前
TEL. 0740-22-2486
URL http://www.ohmitetudo.co.jp/ski/hakodate/index.html

駐車場から山頂までを8人乗りゴンドラが結びます。人工造雪機が導入され、11月下旬から4月上旬までスキー、スノーボードが楽しめます。
●施設案内：ゴンドラ、リフト、ちびっこゲレンデ、レストラン、売店、救護室、更衣室ほか●スポーツ教室・講習会：箱館山スキー・スノーボードスクールなど●利用料金：駐車料（平日）￥1,000／日、リフト1日券￥2,900〜、ゴンドラ往復券￥1,600ほか●交通案内：JR湖西線「近江今津駅」からバス「箱館山スキー場」下車、ゴンドラ利用

Topics このイベントに注目！

西びわ湖ペーロン大会

毎年8月上旬に開催され、県内外から40チーム余りが参加し、ペーロン競漕が行われます。ドラの音と掛け声に合わせ湖面を疾走するペーロン船は、まさに迫力です。
〈問〉西びわ湖ペーロン大会実行委員会
TEL.0740-22-6835

スノーフェスタ in IMAZU

2月中旬の休日に行われ、雪の中でトライアスロンや雪像づくり、宝探しなどが催されます。豚汁サービスや餅つき大会など、あったかメニューも盛りだくさんです。
〈問〉今津町商工会
TEL.0740-22-2810

⑤家族旅行村ビラデスト今津

〒520-1601　今津町深清水2405-1
TEL. 0740-22-6868
FAX. 0740-22-6888
URL http://www1.ocn.ne.jp/~hibari/

標高550mの高原キャンプ場で、オートキャンプ場、ロッジ、キャンプ場、多目的ホール、芝生広場、パターゴルフ、遊具などの設備があります。ウォーキングや森林浴に最適な平池、淡海湖への散策遊歩道も整備されています。
●施設案内：森の交流館（宿泊施設、レストラン、大浴場ほか）、ファミリーロッジ10棟、オートキャンプ場55区画、キャン

プ場、バーベキューサイト、テニスコート、パターゴルフ、はつらつ広場・野外広場ほか●**利用料金**：森の交流館（1泊2食）¥7,000ほか、ファミリーロッジ（平日1棟）¥18,000ほか、オートキャンプ（平日1サイト）¥4,000ほか、キャンプ場（1泊）¥1,000ほか●**営業期間**：4／1〜11／30（期間中無休）●**交通案内**：JR湖西線「近江今津駅」から車で約20分（土日祝日は駅から定期バス有）

と友情、協調の精神を育むことを目的とした自然体験施設です。
●**施設案内**：テントサイト15張、キャンプファイヤー場、炊飯棟、休憩舎、多目的ホール、天文台、フィールドアスレチックほか●**利用料金**：キャンプ場・1泊¥400、日帰り¥200、天文台（キャンプ場利用者を除く）¥200●**休館日**：年末年始●**交通案内**：JR湖西線「近江今津駅」から車で約30分

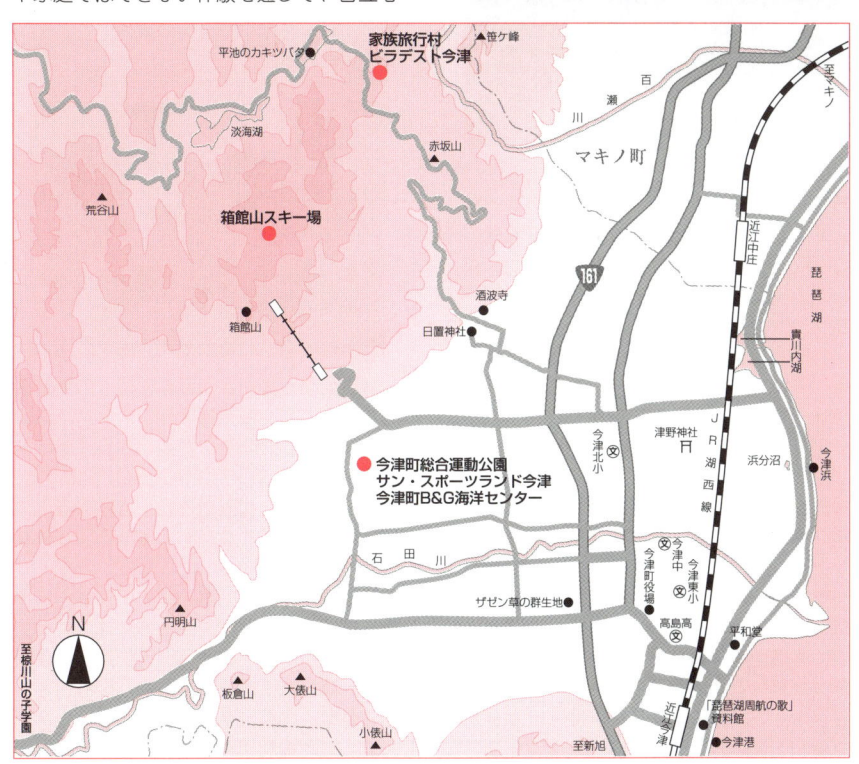

⑥椋川山の子学園

〒520-1645　今津町椋川
TEL. 0740-24-0220
URL http://www.town.imazu.shiga.jp/

　青少年を恵まれた自然の中に開放し、野外活動を通じて自然を学ぶとともに、学校や家庭ではできない体験を通じて、自立心

マキノ町

■知っ得スポット

白谷温泉 〈マキノ町白谷　TEL.0740-28-1188（マキノ町観光協会）〉
マキノスキー場から北へ約1kmの場所にあります。スキー客や登山客の利用が多く、温泉付近には公営の宿「八王子荘」や民宿、ペンションが点在しています。

①マキノ高原野外活動施設

〒520-1836　マキノ町牧野931
TEL. 0740-27-0936
FAX. 0740-27-0300
URL http://www.makinokougen.co.jp/

マキノ高原と呼ばれる一帯が平成14年4月から自然体験交流パークとして大きく楽しく生まれ変わります。4月には天然温泉「マキノ高原温泉さらさ」がオープンしました。男女別浴室のほか水着で入れるバーデゾーンが設置されています。また、冬期には昭和初期にオープンした老舗のスキー場、マキノスキー場がオープンします。駐車場から直接ゲレンデに行ける便利なスキー場です。（マキノスキー場　TEL.0740-27-1367）
●**施設案内**：オートキャンプ場、キャンプ場、多目的運動場、テニスコート、オリエンテーリングコース、体育館、水あそび場、自然歩道（登山道）、学習農園、自然体験広場、マキノ高原温泉さらさ（4/1オープン）ほか●**体験教室**：いも掘りなどの農作業体験など●**利用料金**：オートキャンプ場（1泊テント持込）￥4,000〜、キャンプ場（1泊持込）￥2,000＋入場料￥300〜、グラウンド（半日）￥5,000、テニスコート￥1,500／2h、オリエンテーリング・地図￥100、コンパス￥50、体育館（半日）￥4,000ほか●**交通案内**：JR湖西線「マキノ駅」からバス「マキノ高原」下車

②土に学ぶ里研修センター

〒520-1833　マキノ野蛭口260-1
TEL. 0740-27-1131
FAX. 0740-27-0477

「土に学ぶ里」は滋賀県で唯一の学童農園施設として、昭和57年にマキノ町にオープンしました。その拠点となる「土に学ぶ里研修センター」には工作室や調理室、多目的ホール等が整備され、自然の恵みや田舎の生活を味わうための創作実習が体験できます。
●**施設案内**：多目的ホール、研修室、工作室、調理室、会議室、集会室、休憩室、更衣・シャワー室、新町民グラウンド●**体験教室・講習会**：創作実習教室として、もちつき体験、陶芸（手ひねり、絵付け）・焼杉細工など●**利用料金**：多目的ホール・全

面¥4,000、半面¥2,000、研修室¥2,000、工作室¥2,000、調理室¥3,000、会議室¥2,000、集会室¥3,000、休憩室¥2,000、新町民グラウンド¥8,000（単位区分は半日）●休館日：月曜日●交通案内：JR湖西線「マキノ駅」から徒歩約10分

③マキノ林間スポーツセンター

〒520-1833　マキノ町蛭口
TEL. 0740-28-1188（マキノ町観光協会）
FAX. 0740-28-0155（　　〃　　）

テニスコート13面と多目的グラウンドが設置されています。テニスコートは山の高台に位置し、整備の行き届いたクレーコートです。8,000㎡のグラウンドはソフトボールの練習に最適なほか、サッカー、ラグビー、アメリカンフットボールなどのパート練習に使用できます。●施設案内：テニスコート（クレーコート）13面（硬式・軟式ネット、更衣室、シャワー室、休憩舎2棟ほか）、多目的グラウンドほか●利用料金：テニスコート（1面）¥1,500／2h、グラウンド（半日）¥5,000●休館日：月曜日（冬期は閉鎖されます）●交通案内：JR湖西線「マキノ駅」下車

④スパークハウス

〒520-1833　マキノ町蛭口1371
TEL. 0740-27-1910
FAX. 0740-27-1905

　屋根付き運動場、ゲートボール場、グラウンドゴルフ場として利用できる施設です。照明施設が設置され、年間を通して大勢の人々に利用されています。
●施設案内：屋内ゲートボール場、グラウンドゴルフ場●利用料金：半日¥2,000、夜間照明（4時間）¥1,000●休館日：無休●交通案内：JR湖西線「マキノ駅」から徒歩約15分

⑤マキノピックランド

〒520-1834　マキノ町寺久保
TEL. 0740-27-1811
FAX. 0740-27-0590

　パークゾーンにはレストラン・バーベキュー棟や農産物を直売するフルーツベジタブルハウスの他、サッカー、ソフトボール等が楽しめる多目的広場、グラウンドゴルフ場があります。また、果樹園ゾーンでは、栗・ぶどう・りんご・ブルーベリー・さくらんぼ・芋掘りなどが5月から11月まで楽しめます。
●施設案内：多目的広場、グラウンドゴルフ場、レストラン、果樹園（ブルーベリー・ぶどう・栗・サツマイモ・さくらんぼ・りんご）ほか●利用料金：多目的広場（半日）¥5,000、グラウンドゴルフ場¥600、果樹園入園料・ブルーベリー¥700、栗拾い¥1,500など●休園日：水曜日●交通案内：JR湖西線「マキノ駅」からバス「ピックランド」下車

⑥国境スキー場

〒520-1802　マキノ町野口
TEL. 0740-28-0303

　福井との県境の国道161号沿いにあり、

駐車場からゲレンデへすぐという便利さが人気です。4つのゲレンデはいずれもロングコースで、初級・中級者に最適。5基のリフトやナイター設備があります。
●**施設案内**：リフト、レンタルスキー・スノーボード、造雪機、救護室、レストラン3、売店、更衣室、コインロッカーほか●**スポーツ教室・講習会**：スキー・スノーボードスクールなど●**利用料金**：リフト平日1日券￥3,800ほか●**交通案内**：JR湖西線「マキノ駅」からバス「国境」下車

Topics このイベントに注目！

マキノカントリーフェスタ
毎年9月下旬に開かれる収穫祭です。野菜や果物、水産加工品の展示即売会や、餅つき大会、栗のイガ投げ大会など趣向を凝らしたイベントが盛りだくさんです。
〈問〉マキノ町産業振興課
TEL.0740-27-1124

マキノスキーカーニバル
毎年1月に開催され、町内にあるマキノと国境の両スキー場が1年交代で会場になります。雪上でのゲームやタイヤチューブの滑走レースなど、雪遊びを存分に楽しむことができます。
〈問〉実行委員会事務局（マキノ町観光協会）
TEL.0740-28-1188

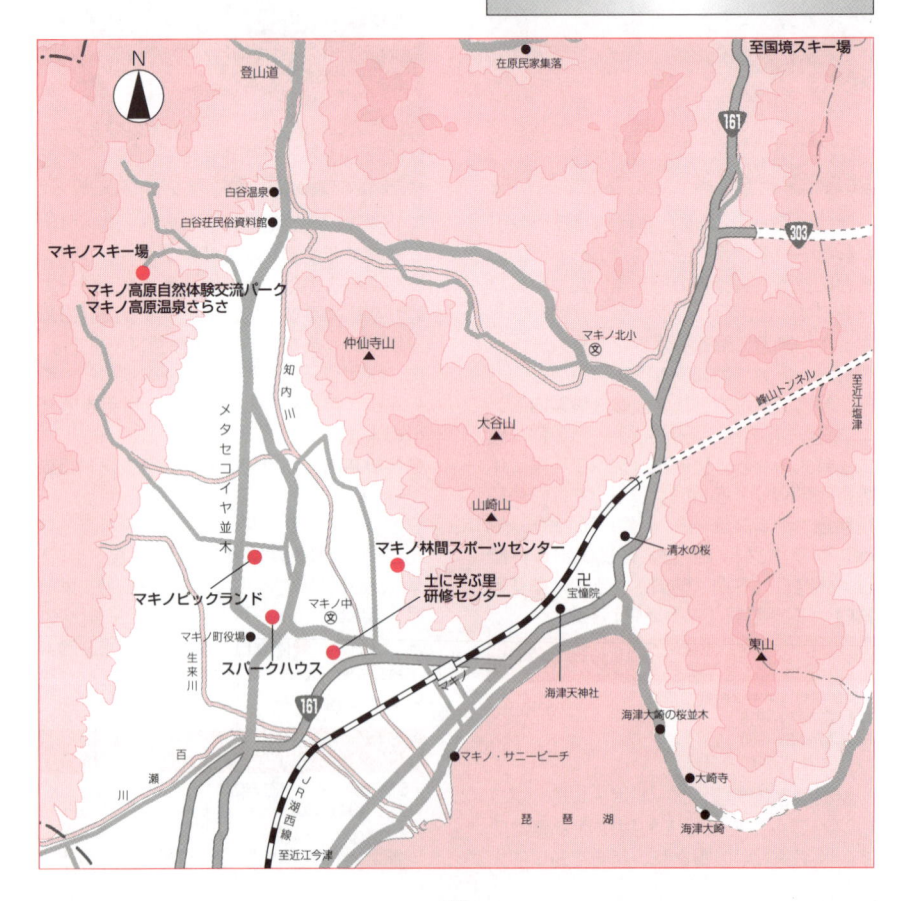

資料編
spot information

■滋賀県体験ガイド ……132
- ●クラフト体験ガイド……………………132
- ●自然体験ガイド……………………134
- ●歴史文化体験ガイド……………134
- ●味覚体験ガイド……………………135
- ●観光農園ガイド……………………136
- ●近江の味覚直売所（果物、野菜）……137

■滋賀県産業見学施設 …138

■まだあるアウトドアスポット…139
- ●水泳場……………………………139
- ●釣り場……………………………140

◆びわ湖イエローページ …141

■滋賀県体験ガイド

手先を動かす、頭を働かせる、美味しいものを食べることだって大切な体験です。滋賀県ならではの体験スポットをご紹介します。

■クラフト体験ガイド

地域	施設名	住所	内容	お問い合わせ先
大津・志賀	緑水亭	大津市雄琴	陶芸、ちぎり絵	077-577-2222（緑水亭）
大津・志賀	比良げんき村	志賀町北小松	焼き杉工作	077-594-8022（志賀町社会教育課）
湖南	こんぜの里森遊館	栗東市観音寺	焼き杉工作、炭焼き体験など。	077-558-0600（こんぜの里　森遊館）
湖南	県立近江富士花緑公園	野洲町三上	草木染め、機織り、紙すきなど。	077-586-1930（近江富士花緑公園）
湖南	銅鐸博物館	野洲町辻町	まが玉、土器、土鈴づくり	077-587-4410（銅鐸博物館）
甲	じゅらくの里木工の館	石部町東寺	木工作品	0748-77-0882（木工の館）
甲	じゅらくの里土の館	石部町東寺	陶芸と絵付け	0748-77-0882（土の館）
甲	甲西町伝統工芸会館	甲西町岩根	下田焼の絵付体験	0748-72-7444（甲西町伝統工芸会館）
甲	紺喜染織	甲西町下田	近江木綿正藍染め体験	0748-75-0128（植西垣夫）
甲	焼杉木彫センター	土山町市場大野	ブローチなどの杉細工	0748-67-0977（焼杉木彫センター）
甲	工房啄木	土山町北土山	木工作品	0748-66-1101（土山町農林課）
甲賀	大小屋工房	信楽町勅旨	陶芸	0748-83-2225（大小屋工房）
甲賀	小川顕三陶房	信楽町長野	陶芸	0748-82-2216（小川顕三陶房）
甲賀	陶芸丸克センター	信楽町勅旨	陶芸	0748-83-0359（陶芸丸克センター）
甲賀	信楽陶芸村新窯	信楽町牧	陶芸	0748-83-0230（信楽陶芸村新窯）
甲賀	澤善	信楽町勅旨	陶芸	0748-83-0215（澤善）
甲賀	解脱庵	信楽町勅旨	陶芸	0748-83-1345（解脱庵）
甲賀	信楽陶芸村	信楽町長野	陶芸	0748-82-0522（信楽陶芸村）
甲賀	信楽陶苑たぬき村	信楽町牧	陶芸	0748-83-0126（信楽陶苑たぬき村）
甲賀	宗陶苑	信楽町長野	陶芸	0748-82-0316（宗陶苑）
甲賀	のぼりがま　ねんど	信楽町長野	陶芸	0748-82-2985（のぼりがま　ねんど）
甲賀	松本陶器	信楽町長野	陶芸	0748-82-0155（松本陶器）
甲賀	八雲陶器	信楽町黄瀬	陶芸	0748-83-1199（八雲陶器）
甲賀	山上陶器	信楽町柞原	陶芸	0748-82-0770（山上陶器）

地域	施設名	住所	内容	お問い合わせ先
甲賀	田代高原の郷	信楽町田代	陶芸	0748-82-1313（田代高原の郷）
	東信セラアート	信楽町江田	陶芸	0748-82-1640（東信セラアート）
	チャレンジ	信楽町長野	陶芸	0748-82-0611（チャレンジ）
	マルタカ陶器	信楽町勅旨	陶芸	0748-83-0570（マルタカ陶器）
東近江	かわらミュージアム体験工房	近江八幡市多賀町	壁飾りや置物作り	0748-33-8567（かわらミュージアム）
	水茎焼陶芸の里	近江八幡市中之庄町	陶芸	0748-33-1345（水茎焼陶芸の里）
	手づくり夢のふるさと村	五個荘町竜田	木工、カントリードールなど。	0748-48-2604（小杉農園）
	くみひも信	能登川町佐野	くみひもストラップ、くみひもキーホルダー	0748-42-1393（くみひも信）
	布引焼窯元	八日市市外町	陶芸	0748-23-1688（布引焼窯元）
	グリム冒険の森	日野町熊野	木工教室、林業体験など。	0748-53-0809（グリム冒険の森管理事務所）
	滋賀農業公園「ブルーメの丘」	日野町西大路	木工、陶芸	0748-52-2611（滋賀農業公園「ブルーメの丘」）
湖東	城下町夢あかり館	彦根市本町	キャンドル作り	0749-27-5501（城下町夢あかり館）
	高取山ふれあい公園	多賀町藤瀬	木工、陶芸	0749-49-0635（現地管理事務所）
	手おりの里金剛苑	秦荘町蚊野外	正藍染め	0749-37-4131（手おりの里金剛苑）
湖北	黒壁2號館スタジオクロカベ	長浜市元浜町	ガラス作品	0749-65-1221（黒壁2號館スタジオクロカベ）
	工房やまぼうし	長浜市元浜町	押し花	0749-68-0151（押し花教室 工房やまぼうし）
	照明堂（ロマネスク館内）	長浜市元浜町	手作り照明器具	0749-62-6670（ロマネスク館）
	長浜オルゴール堂	長浜市元浜町	オルゴール	0749-65-5678（長浜オルゴール堂）
	有限会社竹伊	長浜市元浜町	花かご、竹細工	0749-62-0666（竹伊）
	黒壁24号館ほっこくがま	長浜市元浜町	陶芸	0749-68-2680（黒壁24号館陶芸工房ほっこくがま）
	近江母の郷文化センター	近江町宇賀野	まゆで作るコサージュ	0749-52-5177（近江母の郷文化センター）
	グリーンパーク山東	山東町池下	木工、陶芸	0749-55-3751（グリーンパーク山東）
	農山漁村体験交流施設「Rantaの館」	西浅井町菅浦	木工、竹スキー、しめ縄など。	0749-89-0350（国民宿舎 つづらお荘）
湖西	びれっじ2号館	高島町勝野	ハンカチ、Tシャツの染物	0740-36-0403（びれっじ2号館）
	びれっじ4号館	高島町勝野	オリジナルキャンドル	0740-36-1266（びれっじ4号館）
	ガリバー青少年旅行村	高島町鹿ヶ瀬	焼き杉工作	0740-36-2001（高島町企画振興課）
	すいた扇子	安曇川町西万木	扇子の絵付け	0740-32-1345（すいた扇子）
	土に学ぶ里研修センター	マキノ町蛭口	陶芸、焼き杉細工、わら細工など。	0740-27-1131（土に学ぶ里研修センター）

料金、内容、予約等詳細については各施設にお問い合わせください。

■自然体験ガイド

地域	施設名	住所	内容	お問い合わせ先
大津・志賀	水のめぐみ館アクア琵琶	大津市黒津	琵琶湖の水を学ぶ施設。世界最大の雨体験ができる	077-546-7348（水のめぐみ館アクア琵琶）
湖南	県立琵琶湖博物館	草津市下物町	ヨシ笛作りやプランクトン観察ができる	077-568-4811（県立琵琶湖博物館）
湖南	県立水環境科学館	草津市矢橋町	水とわたしたちの生活、水と環境についての展示や話	077-567-2488（県立水環境科学館）
湖南	栗東自然観察の森	栗東市安養寺	観察小屋、探索道などでの自然観察	077-554-1313（栗東自然観察の森）
湖南	森林体験交流センター森遊館	栗東市観音寺	林業体験や森林浴	077-558-0600（森林体験交流センター森遊館）
湖南	県立近江富士花緑公園	野洲町三上	園芸教室、庭木の手入れなど	077-586-1930（県立近江富士花緑公園）
東近江	手づくり夢のふるさと	五個荘町竜田	年間契約の貸し農園と、季節に応じた農業体験	0748-48-2604（小杉農園）
東近江	河辺いきものの森	八日市市建部北町	自然体験、里山保全の体験	0748-20-5211（河辺いきものの森ネイチャーセンター）
東近江	ファームトピア蒲生野いきいき農園	蒲生町鈴	年間契約の貸し農園	0748-55-1404（ファームトピア蒲生野いきいき農園）
湖東	西堀榮三郎記念 探検の殿堂	湖東町横溝	マイナス25℃の南極体験	0749-45-0011（探検の殿堂）
湖東	あいとうマーガレットステーション	愛東町妹	ポピーやコスモスの摘み取り体験	0749-46-1110（あいとうマーガレットステーション）
湖北	アグリコテージ	伊吹町甲津原	サツマイモやトウモロコシの作付け、収穫体験	0749-58-1121（伊吹町農村振興課）
湖西	県立朽木いきものふれあいの里	朽木村柏	定期的開催の自然観察会	0740-38-3110（県立朽木いきものふれあいの里）

料金、内容、予約等詳細については各施設にお問い合わせください。

■歴史文化体験ガイド

地域	施設名	住所	内容	お問い合わせ先
大津・志賀	比叡山延暦寺	大津市坂本本町	法話、座禅、写経など	077-578-0001（比叡山延暦寺参拝部）
湖南	栗東歴史民俗博物館	栗東市小野	あんどん作り、わら細工、よし笛作りなど。	077-554-2733（栗東歴史民俗博物館）
甲賀	甲賀の里忍術村	甲賀町隠岐	忍者体験、	0748-88-5000（甲賀の里忍術村）
東近江	観峯館	五個荘町竜田	仮面づくり、拓本	0748-48-4141（観峯館）
湖東	金剛輪寺	秦荘町松尾寺	座禅、写経	0749-37-3211（金剛輪寺）
湖北	近江町はにわ館	近江町顔戸	パソコンと映像で考古学体験ができる。	0749-52-5246（近江町はにわ館）
湖西	近江聖人 中江藤樹記念館	安曇川町	中江藤樹の教えを学習	0740-32-0330（中江藤樹記念館）

料金、内容、予約等詳細については各施設にお問い合わせください。

■味覚体験ガイド

地域	施設名	住所	内容	お問い合わせ先
大津・志賀	びわ湖大橋米プラザ体験教室	大津市今堅田	ゲームによる米づくり模擬体験、クッキングガイド	077-574-0010（びわ湖大橋米プラザ）
大津・志賀	南郷水産センター	大津市南郷	さかなのつかみどり	077-546-1153（南郷水産センター）
湖南	アグリの郷 栗東	栗東市出庭	うどん・そば・パンの体験道場	077-554-7621（アグリの郷 栗東）
甲賀	黒滝遊漁場	土山町黒滝	アマゴ、イワナ、ニジマスのつかみ取り	0748-68-0531（黒滝遊漁場）
甲賀	グリーンティ土山	土山町大野	茶畑のオーナー制度。茶摘み、収穫体験あり	0748-67-1331（グリーンティ土山）
甲賀	鹿深りんご研究会	甲賀町	りんごの樹のオーナー制度。袋かけ、収穫体験あり	0748-88-6433（鹿深りんご研究会）
甲賀	成田牧場	甲南町字新治	乳しぼり体験	0748-86-3341（成田牧場）
甲賀	山田牧場	信楽町神山	乳しぼり体験	0748-82-2007（山田牧場）
東近江	あきんどの里「清寿家」	近江八幡市多賀町	でっち羊かんまきまき体験	0748-31-2370（清寿家）
東近江	滋賀農業公園「ブルーメの丘」	日野町西大路	パン、ソーセージ、バター作り	0748-52-2611（滋賀農業公園「ブルーメの丘」）
東近江	グリム冒険の森	日野町熊野	クッキー、お菓子づくり	0748-53-0809（グリム冒険の森）
東近江	えいげんじこんにゃく道場	永源寺町上二俣	こんにゃくづくり	090-9058-1330（岸本）
湖東	一休庵・そば道場	甲良町池寺	そば打ち体験	0749-38-3848（一休庵・そば道場）
湖北	県立醒井養鱒場	米原町上丹生	マス釣り	0749-54-2715（醒井養鱒場）
湖北	甲津原交流センター	伊吹町甲津原	とうふ教室、もちつき教室、漬物加工体験	0749-59-0225（漬物加工部代表 山崎トミ子）
湖北	農山漁村体験交流施設「Rantaの館」	西浅井町大字菅浦	たけのこ掘り、山菜採りなど	0749-89-0350（国民宿舎つづらお荘）
湖西	宝牧場	朽木村宮前坊	乳しぼり体験	0740-38-2729（宝牧場）
湖西	体験交流センター「ゆめの」手ほどき工房「センバイ」	今津町日置前	そば打ち体験	0740-22-5556（体験交流センター「ゆめの」手ほどき工房「センバイ」）

料金、内容、予約等詳細については各施設にお問い合わせください。

■観光農園

地域	施設名	住所	内容	問い合わせ先
大津志賀	近江舞子観光いちご園	志賀町南小松	イチゴ、ピーナッツ	090-1155-1515
湖南	琵琶湖わいんワイナリー	栗東市荒張	ブドウ	077-558-1406
湖南	ピーチパーク桃観光園	栗東市北中小路	モモ	077-552-3017
甲賀	大谷観光ブドウ園	甲西町岩根大谷	ブドウ	0748-71-2331（甲西町観光協会）
東近江	木村秀観光なし園	八日市市沖野4丁目	ナシ	0748-22-2420
東近江	船木果樹園	八日市市沖野5丁目	リンゴ、ナシ	0748-23-3704
東近江	ファームトピア蒲生野観光ぶどう園	蒲生町鈴	ブドウ、ブルーベリー	0748-55-1404
東近江	福本りんご・梨園	日野町石原	リンゴ、ナシ、クリ	0748-53-3836（農園）
東近江	蒲生りんご農園	日野町石原	リンゴ	0748-52-1746
東近江	竜王川守観光ぶどう園	竜王町川守	ブドウ	0748-57-1290
東近江	アグリパーク竜王観光果樹園	竜王町山之上	ナシ、ブドウ、カキ、イチゴ、サツマイモ	0748-57-1311
東近江	希望が丘観光ぶどう園（尾河園）	竜王町薬師	ブドウ	0748-58-1919
東近江	希望が丘観光ぶどう園（鳥本園）	竜王町薬師	ブドウ	0748-58-1971
東近江	希望が丘観光ぶどう園（吉村園）	竜王町薬師	ブドウ	0748-58-0428
東近江	果樹の森 よこせ梨園	永源寺町石谷	ナシ、ブドウ、イチゴ	0748-27-1172
湖北	弥高観光かき・いも園	伊吹町弥高	サツマイモ、カキ	0749-58-1309
湖北	今荘観光ぶどう園	浅井町今荘	ブドウ	0749-74-1322
湖北	南浜観光ぶどう園	びわ町南浜	ブドウ	0749-72-4137
湖北	いまいち観光農園	余呉町今市	サツマイモ	0749-86-2046
湖西	マキノピックランド	マキノ町寺久保	クリ、ブドウ、リンゴ、ブルーベリー、サツマイモ	0740-27-1811

開園時期、料金、予約等については各農園へお問い合わせください。

■近江の味覚直売所（果物、野菜）

施 設 名	住　所	主 な 販売品目	問い合わせ先
もりやまフルーツランド	守山市幸津川町	ブドウ、ナシ	077-585-4863
山　川　果　樹　園	守山市立入町	ナシ	077-583-0192
道の駅　こんぜの里りっとう	栗東市荒張	イチジク、イチジクジャム（8～10月）、野菜・花・炭	077-558-3858
アグリの郷　栗東	栗東市出庭	みそ、豆腐、もち、パン、ジェラート、そば・うどん	077-554-7621
びわ湖鮎家の郷	中主町吉川	魚の佃煮、漬物	077-589-3999
ＪＡおうみ富士中主直売所	中主町六条	ブドウ、メロン	077-589-2381
南　　農　　園	野洲町大篠原	ナシ、カキ	077-587-1305
道の駅　あいの土山	土山町北土山	土山茶、農産物	0748-66-1244
リップルＣＨＡＣＨＡ	土山町鮎河	千枚漬け、農産物	0748-66-0316
鹿深ふれあい市四季菜館	甲賀町大久保	野菜、花、長寿もち、鹿深みそ	748-88-6781（甲賀町観光協会）
甲賀もちふる里館	甲賀町小佐治	長寿もち、かきもち	0748-88-5841
田代高原の郷	信楽町田代	コンニャク、お茶のジャム、野菜	0748-82-1313
大中垣見ぶどう園	近江八幡市大中町	ブドウ（希望があればブドウ狩りもできる）	0748-32-6587
石　寺　楽　市	安土町石寺	野菜、漬物	0748-46-7201（安土町地域振興課）
ごきげん館直売所	五個荘町塚本	てんびんおかき、キャロットケーキ、漬物	0748-48-6678（五個荘町観光協会）
深尾イチジク農園	五個荘町木流	イチジク	0748-48-3966
万葉の郷ぬかづか	八日市市糠塚	米粉パン、ソフトクリーム	0748-23-6898
ファームトピア蒲生野いきいき農園	蒲生町鈴	ブドウ、カキ、ガーネット（ミニトマト）	0748-55-4885（蒲生町観光協会）
滋賀農業公園「ブルーメの丘」	日野町西大路	パン、ソーセージ、野菜、ジャム	0748-52-2611
アグリパーク竜王	竜王町山之上	野菜、果物、畜産加工品、ジャム	0748-57-1311
湖 東 味 咲 館	湖東町横溝	イチジク、ブドウ、メロン、野菜、味噌	0749-45-0335
道の駅あいとうマーガレットステーション	愛東町妹	メロン、ブドウ、ナシ、野菜等	0749-46-1110
プラチナプラザ	長浜市元浜町	野菜、惣菜	0749-65-3339（まちづくり役場）
道の駅　近江母の郷文化センター	近江町宇賀野	フルフル麺、野菜、干し柿	0749-52-5177 近江母の郷文化センター
甲津原交流センター	伊吹町甲津原	山菜、漬物、梅干	0749-59-0225（甲津原漬物加工部代表崎トミ子）
浅井ふれあいの里プラザふくらの森	浅井町内保	農産物、漬物	0749-74-8282
産直びわ　みずべの里	びわ町南浜	ブドウ、ナシ、ふなずし、水産物加工品、米	0749-72-5212
水の駅　丸子船ロマン市	西浅井塩津浜	マーマレードアイス、野菜、花、湖魚佃煮、コロッケ（猪肉）	0749-89-0531（西浅井町商工会）
道の駅くつき新本陣（日曜朝市）	朽木村市場	とちもち、鯖のなれずし、野菜（日,祝日の朝開催）	0740-38-2398（朽木村観光協会）
グリーンパーク想い出の森	朽木村柏	とちもち、鯖のなれずし、チーズケーキ	0740-38-2770
マキノピックランド	マキノ町寺久保	クリ、ブドウ、ブルーベリー、さくらんぼ、リンゴ、野菜	0740-27-1811

営業時間、販売期間等、詳細は各施設にお問い合わせください。

■滋賀県産業見学施設

食品、伝統工芸から最先端技術まで、製品ができるまでの工程を見学できます。施設によって見学時期、申込方法等が異なりますので、お問い合わせください。

施設名	内容	住所	問い合わせ先
比叡ゆば本舗　ゆば八	伝統のゆばづくりの見学と、ゆば作りの体験。	大津市中央4丁目	077-522-7398
太田酒造	草津宿にある酒蔵見学と試飲。	草津市草津3丁目	077-562-1105
たねや守山玻璃絵館	バームクーヘン、リーフパイづくりが見学できる。	守山市吉身3丁目	077-583-5111
JRA栗東トレーニングセンター	早朝調教見学（水曜日）、施設見学（日曜日）	栗東市御園	077-558-0101
びわ湖鮎家の郷	「あゆ巻」や創作料理の製造工程の見学。	中主町吉川	077-589-3999
宗陶苑	信楽焼の工場見学。	信楽町長野	0748-82-0316
日に新た館（ダイフク）	物流の保管から搬送までのシステムが映像とデモ運転で体験できる。	日野町中在寺	0748-53-3970
ダイハツ滋賀（竜王）工場	環境問題に取り組む工場内で、軽自動車、小型自動車が完成していく様子を見学。	竜王町山之上	0727-54-3048
ヒトミワイナリー	自家農園で作った葡萄で作るワイン工場見学。	永源寺町山上	0748-27-1707
昭和電工彦根事業所	加工箔、熱交換器の製造工程の見学ができる。	彦根市清崎町	0749-25-1511
キリンビール滋賀工場	ビデオと製造行程の見学のあとは、ビールの試飲ができる。	多賀町敏満寺	0749-48-1216
藤居本家	けやきづくりの酒蔵見学と試飲ができる。	愛知川町長野	0749-42-2080
手おりの里金剛苑	近江上布や秦荘紬の染めから織りまでの工程を見学。	秦荘町蚊野外	0749-37-4131
森嶋漬物	漬物工場の製造工程見学と即売。	彦根市蓮台寺町	0749-28-4567
永楽屋	甲良町にある尼子工場で仏壇製造工程を見学。希望により金箔押し体験もできる。	彦根市芹中町（本社）	0120-23-1466
浜シルク彩司苑（繭の資料館）	浜ちりめんの織り場と繭の資料館見学・直販やまゆ細工教室もある。	長浜市八幡中山町	0749-65-3800
大与	昔ながらの和ろうそくづくりが見られる。	今津町今津住吉	0740-22-0557
川島酒造	酒蔵見学。	新旭町旭	0740-25-2202
雲平筆	雲平筆の作業工程見学と筆の販売。	安曇川町上小川	0740-32-0236

ご予約等詳細は各施設へお問い合わせください。

■まだあるアウトドアスポット

■水泳場

地域	名称	住所	交通	問い合わせ先
大津市・志賀町	真野浜水泳場	大津市真野5丁目～今堅田3丁目	JR堅田駅からバス真野浜下車、徒歩3分	077-572-1317（ビューロッジ琵琶）
	今宿浜水泳場	志賀町今宿	JR和邇駅から徒歩25分	077-592-8077（志賀町産業振興課）
	和邇浜水泳場	志賀町南浜	JR和邇駅から徒歩20分	077-592-8077（志賀町産業振興課）
	新和邇浜水泳場	志賀町南浜	JR和邇駅から徒歩15分	077-592-8077（志賀町産業振興課）
	蓬莱浜水泳場	志賀町南船路	JR蓬莱駅から徒歩3分	077-592-8077（志賀町産業振興課）
	松の浦水泳場	志賀町木戸～荒川	JR志賀駅から徒歩5分	077-592-8077（志賀町産業振興課）
	青柳浜水泳場	志賀町青柳	JR志賀駅から徒歩15分	077-592-8077（志賀町産業振興課）
	北比良水泳場	志賀町北比良	JR比良駅から徒歩3分	077-592-8077（志賀町産業振興課）
	近江舞子水泳場	志賀町南小松	JR近江舞子駅から徒歩3分	077-592-8077（志賀町産業振興課）
	北小松水泳場	志賀町北小松	JR北小松駅から徒歩10分	077-592-8077（志賀町産業振興課）
湖南	第2なぎさ公園水泳場	守山市今浜町十軒家	JR守山駅からバスみさき公園下車徒歩3分	077-582-1131（守山市観光協会）
東近江	宮ヶ浜水泳場	近江八幡市沖島町	JR近江八幡駅からバス宮ヶ浜下車すぐ	0748-32-3138（休暇村近江八幡）
湖東	新海浜水泳場	彦根市新海町	JR稲枝駅から車で15分	0749-22-1411（彦根市役所）
	松原水泳場	彦根市松原町	JR彦根駅からバス松原水泳場口下車すぐ	0749-22-1411（彦根市役所）
湖北	南浜水泳場	びわ町南浜	長浜ICから車で15分	0749-72-5252（びわ町観光協会）
	尾上水泳場	湖北町尾上	木之本ICから車で15分	0749-78-1001（湖北町観光協会）
	二本松水泳場	西浅井町大浦	木之本ICから車で25分	0749-89-0275（二本松水泳場）
湖西	白鬚浜水泳キャンプ場	高島町鵜川	JR近江高島駅から徒歩20分	0740-36-1248（白鬚浜観光協会）
	萩の浜水泳場	高島町勝野	JR近江高島駅から徒歩20分	0740-36-0338（萩の浜観光協会）
	今津浜水泳場	今津町浜分―深清水	JR近江今津駅から車で7分	0740-22-2108（今津浜観光協会）
	びわ湖子どもの国	安曇川町北船木	JR安曇川駅から車で10分	0740-34-1392（びわ湖こどもの国）
	近江白浜水泳キャンプ場	安曇川町下小川	JR安曇川駅から車で5分	0740-32-0451（近江白浜観光協会）
	マキノ・サニービーチ（知内浜）	マキノ町知内	JRマキノ駅から徒歩10分	0740-27-0325（知内浜サービスセンター）
	マキノ・サニービーチ（高木浜）	マキノ町西浜高木	JRマキノ駅から徒歩10分	0740-28-1206（高木浜観光協会）

■釣り場

地域	河川・湖	場所	魚種	問い合わせ先
大津・志賀	葛　　　　川	大津市葛川	アユ、アマゴ、イワナ	077-599-2120（葛川漁業協同組合）
湖　南	琵 琶 湖 岸	守山市今浜町（守山魚つり場）	コイ、フナ	077-582-1130（守山市農政課）
甲　賀	野　洲　川	土　山　町	アマゴ	077-522-0126（滋賀県河川漁業協同組合）
	青 土 ダ ム 湖	土山町青土	コイ、フナ	077-522-0126（滋賀県河川漁業協同組合）
東 近 江	伊 庭 内 湖	能登川町伊庭	コイ、フナ	0748-42-9913（能登川町観光協会）
	日野川ダム湖	日野町西大路	ヘラブナ	0748-52-4543（日野町漁業協同組合）
	愛　知　川	永源寺町高野	アユ、アマゴ、イワナ、ニジマス	077-522-0126（滋賀県河川漁業協同組合）
湖　東	芹　　　　川	多賀町久徳	アユ、マス、アマゴ、イワナ	077-522-0126（滋賀県河川漁業協同組合）
	犬　上　川	多賀町川相	アユ、マス、アマゴ、イワナ、ニジマス、ウナギ、コイ、フナ	077-522-0126（滋賀県河川漁業協同組合）
湖　北	姉　　　　川	伊吹町甲津原～伊吹町伊吹	アユ、イワナ、アマゴ	077-522-0126（滋賀県河川漁業協同組合）
	草　野　川	浅井町地先	アユ、ニジマス、イワナ	077-522-0126（滋賀県河川漁業協同組合）
	高　時　川	木之本町川合	アユ、アマゴ、ニジマス、イワナ	077-522-0126（滋賀県河川漁業協同組合）
	杉　野　川	木之本町杉野	アユ、アマゴ、ニジマス、イワナ	077-522-0126（滋賀県河川漁業協同組合）
	余　呉　湖	余呉町余呉湖	コイ、フナ、ワカサギ、ウナギ、ナマズ	077-522-0126（滋賀県河川漁業協同組合）
	奥 琵 琶 湖	西浅井町菅浦	コイ、フナ	0749-89-1121（西浅井町役場産業観光課）
湖　西	乙 女 ヶ 池	高島町乙女ヶ池	コイ、フナ	0740-36-2009（高島町役場企画振興課）
	鴨　　　　川	高島町鴨川	アユ、ニジマス、アマゴ、イワナ	077-522-0126（滋賀県河川漁業協同組合）
	石　田　川	今津町角川、保坂	アユ、ウナギ、アマゴ、イワナ	077-522-0126（滋賀県河川漁業協同組合）
	天　増　川	今津町天増川	アユ、アマゴ、イワナ	077-522-0126（滋賀県河川漁業協同組合）
	安　曇　川	朽　木　村	アユ、アマゴ、イワナ	0740-38-2541（朽木村漁業協同組合）

解禁日については年によって異なります。詳細はお問い合わせください。

◆びわ湖イエローページ◆

滋賀県のアクセス

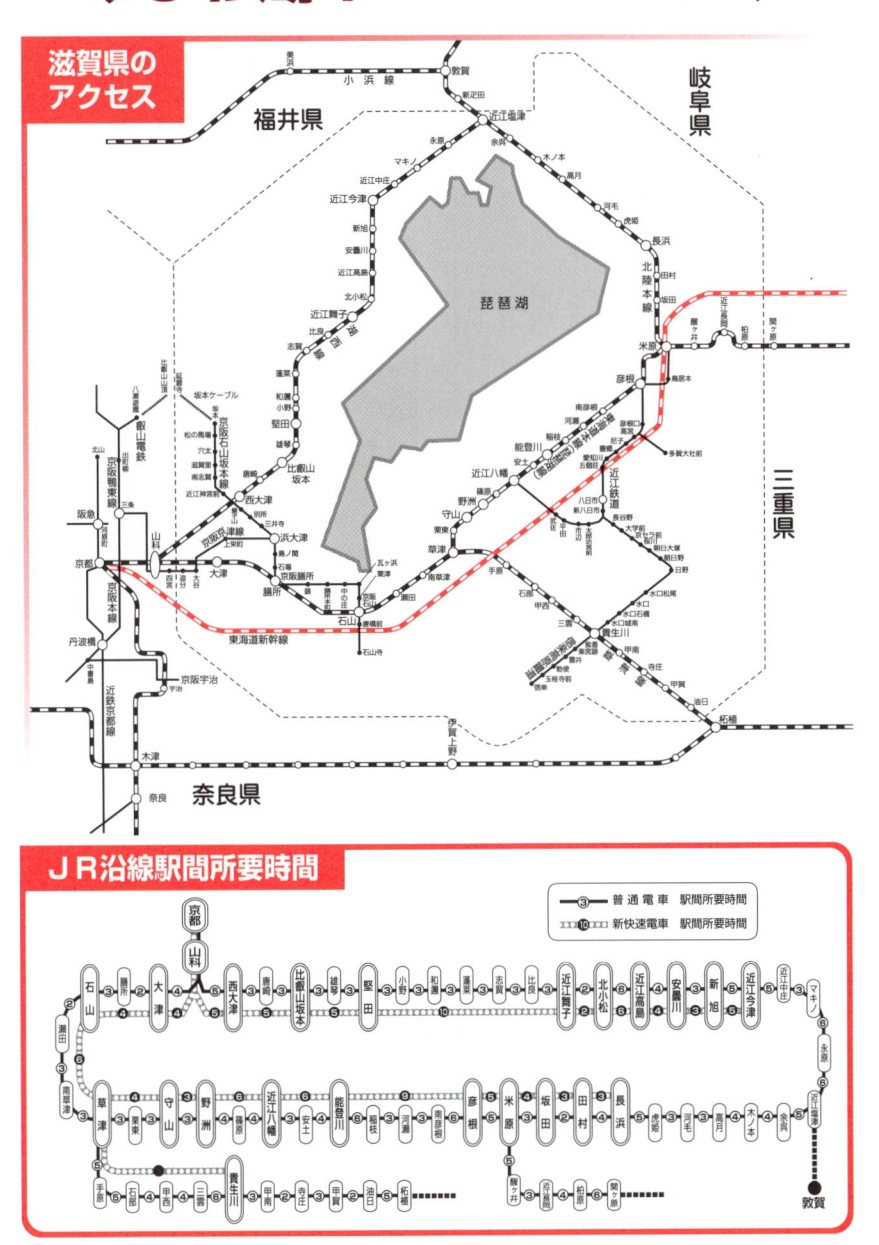

JR沿線駅間所要時間

びわ湖イエローページ

■JR・私鉄主要駅

名称	TEL
●JR	
京都テレフォンセンター	075-352-5441
西　大　津　駅	077-525-2150
堅　　田　　駅	077-573-1161
近　江　高　島　駅	0740-36-1100
安　曇　川　駅	0740-32-1100
近　江　今　津　駅	0740-22-1661
大　　津　　駅	077-522-2850
石　　山　　駅	077-537-0482
草　　津　　駅	077-562-2065
貴　生　川　駅	0748-62-2029
守　　山　　駅	077-582-2040
野　　洲　　駅	077-587-0061
近　江　八　幡　駅	0748-33-2151
能　登　川　駅	0748-42-0004
彦　　根　　駅	0749-23-0302
米　　原　　駅（在来線）	0749-52-0019
米　　原　　駅（新幹線）	0749-52-4896
長　　浜　　駅	0749-62-3222
木　ノ　本　駅	0749-82-2044
余　　呉　　駅	0749-86-2291
●近江鉄道	
近江鉄道本社	0749-22-3303
近　江　八　幡　駅	0748-37-7360
八　日　市　駅	0748-22-0165
彦　　根　　駅	0749-23-2856
日　　野　　駅	0748-52-0219
●京阪電鉄	
浜　大　津　駅	077-523-2670
近　江　神　宮　前　駅	077-522-4314
●信楽高原鐵道	
信　　楽　　駅	0748-82-0129

■タクシー （滋賀県タクシー協会加盟社）

地域	名称	TEL
大津市	大　津　タ　ク　シ　ー	077-545-8111
	近江タクシー大津	077-537-0219
	汽　船　タ　ク　シ　ー	077-524-0616
	共　立　タ　ク　シ　ー	077-579-2278
	滋賀ヤサカ自動車	077-522-6767
	琵　琶　湖　タ　ク　シ　ー	077-522-6677
草津市	伏　見　タ　ク　シ　ー	077-563-5155
	草津近江タクシー	077-562-3669
栗東市	草　津　タ　ク　シ　ー	077-562-3739
	帝産タクシー滋賀	077-558-2911
守山市	守　山　タ　ク　シ　ー	077-582-2590
野洲町	光　タ　ク　シ　ー	077-587-3366
甲賀町	滋　賀　タ　ク　シ　ー	0748-86-4181
近江八幡市	滋賀京阪タクシー	0748-37-6252
	長命寺タクシー	0748-32-2198
八日市市	八　日　市　タ　ク　シ　ー	0748-24-1201
永源寺町	永源寺タクシー	0748-27-1151
彦根市	湖　城　タ　ク　シ　ー	0749-26-7777
	彦根近江タクシー	0749-22-2534
	彦　根　タ　ク　シ　ー	0749-22-4500
米原町	米　原　タ　ク　シ　ー	0749-52-4723
	さ　く　ら　タ　ク　シ　ー	0749-63-1362
長浜市	長　浜　タ　ク　シ　ー	0749-63-6318
	都　タ　ク　シ　ー	0749-62-0130
	近江タクシー長浜	0749-62-0106
木之本	伊　香　交　通	0749-82-2135

■観光バス （滋賀県バス協会加盟社）

地域	名称	TEL
大阪	西日本ＪＲバス㈱	06-6302-8681
京都	京　阪　バ　ス㈱	075-682-2320
	江　若　交　通㈱	077-573-2701
大津市	汽　船　バ　ス㈱	077-522-2093
	滋賀ヤサカ自動車㈱	077-522-9500
	㈱近江タクシー大津	077-537-0219
	ア　サ　ヒ　自　工㈱	077-578-0473
草津市	帝産湖南交通㈱	077-565-8188
	帝産観光バス滋賀	077-565-8171
	草津近江タクシー	077-563-0106
野洲	びわこ観光バス㈱	077-588-4700
水口町	滋賀観光バス㈱	0748-62-3111
	滋　賀　バ　ス㈱	0748-62-3111
土山町	㈱甲賀自動車工業所	0748-62-2623
近江八幡市	㈱シガ・エージェントシステム	0748-68-0656
	ホテルニューオウミ	0748-36-6666
	㈱近江タクシー湖東	0748-37-4133
永源寺町	永源寺タクシー㈱	0748-27-1151
彦根市	湖　国　バ　ス㈱	0749-22-1210
	近　江　鉄　道㈱	0749-22-3301
	彦根観光バス㈱	0749-43-5711
	彦根近江タクシー	0749-22-2534
	㈱若　松　商　事	0749-25-3047
甲良町	ム　ツ　ミ　観　光㈲	0749-35-3863
	㈲森　　観　　光	0749-35-2057
愛知川町	勝　美　観　光㈱	0749-42-8121
長浜市	ひばり観光バス㈱	0749-62-7111
浅井町	滋賀中央観光バス㈱	0749-74-2211
マキノ町	㈱中　田　運　送	0740-25-3010

■駅レンタカー

地域	名称	TEL
大津市	駅レンタカー関西大津営業所	077-524-7016
草津市	駅レンタカー関西草津営業所	077-565-9052
彦根市	駅レンタカー関西彦根営業所	0749-27-0761
米原町	駅レンタカー中部米原営業所	0749-52-0800

■レンタサイクル （公的機関取扱いのもの）

名称	TEL
野洲町観光案内所	077-587-3710
信楽町観光協会	0748-82-2345
信楽高原鐵道	0748-82-3391
御旅所レンタサイクル（長浜市）	0749-63-1691
近江町観光案内所	0749-52-5327
JR河毛レンタサイクル（湖北町）	0749-78-2280
木之本町観光案内所	0749-82-5135
JR余呉駅レンタサイクル	0749-86-2291
高島町観光案内所	0740-36-1314
安曇川町観光案内所	0740-32-2464
新旭町観光協会	0740-24-6464
今津町観光案内所	0740-22-4201
朽木村観光協会	0740-38-2398
マキノ町観光協会	0740-28-1188

滋賀のスポーツまるかじりBOOK

2002年3月25日初刷

企画・編集／滋賀県体育施設協会
　　　　　　㈶滋賀県スポーツ振興事業団
　　　　　　〒520-0037　滋賀県大津市御陵町4-1
　　　　　　滋賀県立スポーツ会館内
　　　　　　電話（077）521-8001

発　行　所／サンライズ出版
　　　　　　〒522-0004　滋賀県彦根市鳥居本町655-1
　　　　　　電話（0749）22-0627

印刷・製本／サンライズ印刷株式会社

Ⓒ サンライズ出版 2002 Printed in Japan
ISBN4-88325-220-5　C 0075

※乱丁本・落丁本は小社にてお取り替えします。
　定価は表紙に表示してあります。